ダメ人間だと思ったらHSPでした！

染井アキ

産業編集センター

もくじ

04
自己紹介
HSPセルフテスト
● HSPを知った経緯
● 巻で噂の自己肯定感
HSSセルフテスト
● 続・HSSの話
屋久杉インパクト
信じる者はお願い救われて
● あんまり言いたくない
アキ

47
HSPな私の日常
● 岡島さんマジ怖かった。～**HSPは他人の気分に左右される**～
● 顔面蒼白人生～**HSPは常に最悪のパターンを考える①**～
負け好き
手入れされた季節
● Yo! What's up!　調子はどうだい?～**HSPは電話やメールが苦手**～
● あみぃたんは寝たら嫌なこと忘れるタイプ。
～**HSPは共感能力が高く感情移入をしやすいため、聞き役になりやすい**～
● その前髪いつもと違う人に切ってもらったでしょ?～**HSPは他人の気分に敏感**～

鬱が青春

氷柱のような人

● 最後に観に行ったのは確かコナンくん。～HSPは刺激に敏感～

ひち

私は結構飽きています。

● 学生時代夢の国に行くのを断って気まずくなったなぁ。～HSPは人混みが苦手～

外と内

● ミラーニューロンお前なのか!～HSPは共感能力が高い～

忘れられない風景

● ミゾオチにドーン。～HSPは美術や音楽に深く心を動かされる～

● ショートスリーパーいいよなぁ。～HSPは疲れやすい～

＊違います。これはHSP本です。

● 浮かれたい。～HSPは常に最悪のパターンを考える②～

あの人もHSP 129

たまにはえぇ話

ありのままの自分問題 139

● そしてゼロになる。

● 今

あとがき

自己紹介

どーも、はじめまして染井アキと申します。32歳、女、独身のしがない一般人です。そして、この本のタイトルにもありますが、ダメ人間です。どんな種類のダメ人間かといいますと、シンプルに仕事が続かない社会不適合者です。

私は今まで派遣社員を含め6社に勤務した経験がありますが、どの職場も長くは続かず、最長は新社会人として入社した会社での4年間で、5社は1年半未満、最短は4か月でした。働いていない期間も多くあります。勿論、今も社会不適合者の名に相応しく鑑のような無職をやっています。昼夜逆転の生活、1日1食、お昼からアルコール摂取、そしてたまに日中散歩。無職は天職です。

ずっと自分はダメな人間だなぁと思って生きてきました。仕事が続かないということ

とは世の中的にもダメなことですよね。いつも全力で生きてきたし、何事にも一生懸命取り組んできたつもりです。それなのに、なんでこんなに自分は何事も続かないのだろう、ダメなんだろう、普通の人になれないのだろう、生きるのが苦しいと、散々思って32年間過ごしてきました。

しかし、どうやらこのダメ具合にHSPが関係しているらしい！　ということが数か月前に発覚したので、今これを書いています。

ちなみに、最初に言っておきますが、この本はHSPのことについて書いてはありますが、専門的なことを知りたい方向けの本ではありません！　思い切って断言！　HSPの気質について詳しく知りたかったり、自分がHSPに当てはまるかキチッと調べたかったり、自己肯定感をあげるメソッド的なことが知りたい方はこの本の隣りに並んである本を買ってください！　隣りの隣りかな？　HSPと一括りに言っても人それぞれなので、この本は「HSPってこんな感じだよ～」という一例に過ぎないものです。ただ、読み進めていくと突然小エッセイが始まるので、ビックリしないでください。

話を戻して、ところで皆さん、今更ですがHSPってご存知ですか？

ハイリー・センシティブ・パーソン（英：Highly sensitive person，HSP）とは、生得的な特性として、高度な感覚処理感受性（あるいは生得的感受性）を持つ人のこと。

HSPは生まれ持った気質であり、生涯、変わることはない。人口の約15～20％を占め、男女によって偏りは見られない。同様の性質は、人間以外にも100種以上の生物にも見られる。

ウィキペディアより

ウィキちゃんありがとう。もう少し詳しく言うと、HSPは外部からの刺激に敏感で、物音や光・におい・味・触感などの五感が過度に反応し、それだけでなく相手の感情や雰囲気、目に見えないエネルギーに対しても敏感で心の境界線がもろく同調しやすいため疲れやすい傾向にあるらしいです。自分の中では簡単に言うと「極度敏感超気にしぃ」と捉えています。

これを初めて知ったとき、私のことやんけ！　となり夢中で調べました。ネットや書籍で調べれば調べるほど、私のことでした。

「なんか上手くいかないなぁ」とずっと疑問に思っていた自分の人生。HSPを知って、そういうことかぁと合点がいきました。そして知った瞬間から溢れるように自分のHSPエピソードが出てきました。「なんか人と違うなぁ」と思っていた部分、当てはまりまくりです。長年の謎が解けたように感じました。真実はいつも一つ、です。

HSPの提唱者アメリカの心理学者エレイン・アーロン博士による**HSPのセルフテスト**があります。

これを読んでくれている方は少なからずHSPに関心があると思うので、ぜひチェックしてみてください。

HSPセルフテスト

- □ **感覚**に**強**い**刺激**を**受**けると**容易**に**圧倒**されてしまう（＊）
- □ **自分**をとりまく**環境**の**微妙**な**変化**によく**気**づくほうだ

- □他人の気分に左右される
- □痛みにとても敏感である
- □忙しい日々が続くと、ベッドや暗い部屋などプライバシーが得られ、刺激から逃れられる場所にひきこもりたくなる
- □カフェインに敏感に反応する
- □明るい光や強い匂い、ざらざらした布地、サイレンの音などに圧倒されやすい
- □豊かな想像力を持ち、空想に耽《ふけ》りやすい
- □騒音に悩まされやすい
- □美術や音楽に深く心動かされる

□ 時々神経が擦り切れたように感じ、一人になりたくなる（＊）

□ とても良心的である

□ すぐにびっくりする（仰天する）

□ 短期間にたくさんのことをしなければならない時、混乱してしまう

□ 人が何かで不快な思いをしている時、どうすれば快適になるかすぐに気づく（たとえば電灯の明るさを調節したり、席を替えるなど）

□ 一度にたくさんのことを頼まれるのがイヤだ

□ ミスをしたり、物を忘れたりしないようにいつも気をつけている

□ 暴力的な映画やテレビ番組は見ないようにしている

□あまりにもたくさんのことが自分のまわりで起こっていると、不快になり神経が高ぶる

□空腹になると、集中できないとか気分が悪くなるといった強い反応が起こる

□生活に変化があると混乱する

□デリケートな香りや味、音、音楽などを好む

□同時に自分の中でたくさんのことが進行すると気分が悪くなる（＊）

□動揺するような状況を避けることを、普段の生活で最優先している

□大きな音や雑然とした状況など強い刺激に悩まされる（＊）

□仕事をする時、競争させられたり、観察されていると、緊張し、いつもの実力を発揮できなくなる

□子供のころ、親や教師は自分のことを「敏感だ」とか「内気だ」と思っていた

以上の質問のうち十二個以上に「はい」と答えたあなたはおそらくＨＳＰでしょう。しかし、どの心理テストも、実際の生活の中での経験よりは不正確です。たとえ「はい」がひとつかふたつしかなくても、その度合いが極端に強ければ、そんなあなたもＨＳＰかもしれません。

『ささいなことにもすぐに「動揺」してしまうあなたへ。』エレイン・Ｎ・アーロン／著冨田香里／訳（ＳＢクリエイティブ株式会社　２００８年3月31日初版発行）より引用。

＊→「The Highly Sensitive Person」（http://hspjk.life.coocan.jp/selftest-hsp.html）日本語サイトより引用。

私と同じようになんかうまくいかない人、生きづらいなぁと思っている人、もしかしたらＨＳＰかもしれません。なんせ国籍性別問わず人口の約20％はＨＳＰらしいので、結構います！　ＨＳＰではないという方。「そんな人いるんだ」と頭の片隅に置いてもらえれば有難いです。もしかしたらあなたの周りにもいるかもしれません。そして、本人が気付かずうまくいかないで悩んでいたら、そっと教えてあげてみてもいいかもしれません。

かくいう私も人からＨＳＰを教えてもらった人間の一人です。1か月半前に福永さんから「染井さんはもしかしたらＨＳＰ？」と間接的に質問を受け、初めてＨＳＰを認識しました。突然の福永さん。心がある福永さん。

ＨＳＰを知った経緯

福永さんは出版社の人です。2019年2月12日、私は本を書こうと決意しました。何故本を書こうと思ったかというと、また仕事を辞める日が近くなっていると感じたからです。今度こそ、ここで一生働くんだ、と意気込み派遣社員として1年強過ごしていた会社。段々と居づらくなり、またいつものパターンで辞める日が近づいていることを自分で感じ取っていました。そして、何度も転職を繰り返す自分に、社会に適応できる普通の人になる、ということを諦め始めていた頃でした。そこで、長年の漠然とした夢だったエッセイストになってみたいなぁという想いを基に動くことを決めます。といっても、こんな一般人がすぐにエッセイストになれるわけもなく、ブログで成り上がるのも三日坊主の自分には無理だなぁ、と思いながらとりあえずネットで「エッセイストスペースなり方」で検索しました。

偶然見つけたサイトは「企画のたまご屋さん」。それは素人と出版社を繋げる本の企画募集サイトでした。見つけた瞬間にここに応募してみようと決め、緊張して1日中ドキドキしていたのを覚えています。まだ何にもしていないのに。

構想約3か月・執筆1か月で仕事と並行しながら書いた原稿のタイトルは「根暗女のご機嫌に生きる方法」です。マジ名著。抜群に面白い。傑作。マスターピース。自画自賛。その最高に愛せる作品を「企画のたまご屋さん」のサイトに提出したのは6月初めのことでした。ちなみにこのとき、事前に言っていた通り仕事を辞めることを決断し、それに向けて動いている途中でした。悲しみの予想通り!

企画を提出してからは毎日「企画のたまご屋さん」からの返信を心待ちにしていましたが、なかなか連絡がなく、精神的に煮詰まってきた頃、仕事から帰ってすぐのアルコールを飲んでソファでうたた寝していた私に電話がなります。頭が働かないまま出てみたら、優しい男性の声がしました。「企画のたまご屋さん」の人でした。ソファから転げ落ちながら慌てて対応したところ「企画を出版社に配信するよ」との連絡でした。どうやら企画を提出して数日後にはその旨のメールをくださっていたのに、迷惑メールフォルダに入っていたため、私は気付かずスルーしていたみたいです。寺口さんごめんなさい。寺口さんは編集歴40年以上の、口調もメールの文章もとても柔らかい紳士で、長年文章に携わっていると「絵本みたいになるんだな」と思わせてくれた存在です。

出版社に企画の配信をした翌日、2社から連絡があったと寺口さんは教えてくれました。嬉しい。8千字の見本原稿しか送っていなかったので、2万字程度の仮原稿を送ると、それが私のHSP人生の始まりになります。

私の原稿を読んでくれた福永さんが、文章から推測し、「もしかしたら……染井さんはHSP?」と確認の連絡を寺口さんを通じてくれたのです。青天の霹靂。とはこのこと。

会社にいた自分は昼休みにそのメールを見ました。見た瞬間はHSPのことを知らなかったので「HSP？　ナニソレ？」でした。食堂で急いでスマホで調べてからは、「ナナナナナ、ナ、ナニソレ、ワタシエイチエスピー、コワイ、ガクブルガクブル」です。その後もネットでHSPの特性を調べ簡易チェックを何個かし、そのどれもで「HSPです」と診断されれば、リアルに震えてお昼ごはんのパンが食べられませんでした。そんなときに限っていつも仲良くしてくれている同僚は不在で、一人パニクりながら午後の仕事を終えたことを覚えています。帰ってからもHSPのことを調べまくります。「自分はHSPなんだ！」という思いと「いや、は、早とちりかもしれない、し、慎重に考えよう」という想いが交互に襲ってきました。そして、思い出される今までの「なんでかな人と違うな」エピソードと共に、やはり自分はHSPだという思いを固めていきます。

巷で噂の自己肯定感

ここまで、HSPを知った経緯について語ってきましたが、書きながらずーっと思っていたことがあります。それは、誰が染井のHSP話に興味あるんだよ！　です。ただその辺にいるなんの変哲もない一般人の女のHSP話。もう、マジ、ここまで500回くらい思っています。読んでくれている方、時間もお金も奪ってゴメンね。という確かな想い。そうこれが、自己肯定感のなさ、です。巷で噂の自己肯定感。間違いなく人生のキーワード。

HSS（ハイ・センセーション・シーキング）

HSPを知って調べていく中で、当てはまらない気質も中にはありました。初対面や雑談、上っ面の会話が苦手などです。いや、むしろめちゃめちゃ上っ面いけます。

むしろ上っ面でしか生きてねぇくらいの勢いです。

ＨＳＰを調べ進めるうちに、ＨＳＳという気質があることを知ります。これは“High sensation Seeking”の略で好奇心旺盛の刺激追求型の気質らしいです。

世の中にはＨＳＰとＨＳＳの気質、両方を持ち合わせている人間がいるらしく、今はそれに自分も当てはまるのではないかと思っています。

アーロン博士によるＨＳＳセルフテストがあります。

ご興味ある方どうぞ。

ＨＳＳセルフテスト

□ もし安全なら、未知の新しい体験ができる薬をやってみたい。

□ 会話によってはひどく退屈になる時がある。

□行ったことのある好きな場所にもう一度行くよりも、好きにならないかもしれないけれど知らない場所の方へ行ってみたい。

□スキーやロッククライミング・サーフィンのようなスリルのあるスポーツをやってみたい。

□長い間家にいるとイライラする。

□何もせずにじっと待っているのは嫌い。

□同じ映画を二度見ることはめったにない。

□あまりやったことのないことをするのが楽しい。

□もしなにかめずらしいことを目にしたら、わざわざ寄り道をしてでも確かめに行く。

□ 毎日同じ人たちと一緒にいると飽きてしまう。

□ 君のやることは予測がつかないと友人たちに言われる。

□ 知らない場所を探検するのが好き。

□ 日課はもたないようにしている。

□ 強い体験を与えてくれるアートに惹きつけられる。

□ 気分を高揚させてくれる物質が好き。

□ 思いもつかないようなことをする友だちのほうが好きだ。

□ 新しい知らない場所へ行ってみたい。

□ もし旅行に行くお金があったら外国へ行きたい。

□探検家になってみたい。

□誰かが性的なジョークを飛ばしたり、性的なことを口にして、みんなが気まずそうに笑うような時でも、自分はそれを楽しいと感じる。

＊女性

もし11以上の項目にチェックを入れたら、おそらく、あなたは刺激追求型（ＨＳＳ）です。７以下であればおそらくＨＳＳではありません。８～10の間だったら、たぶんあなたは両者の中間です。

＊男性

もし、13以上の項目にチェックを入れたら、おそらく、あなたは刺激追求型（ＨＳＳ）です。９以下であればおそらくＨＳＳではありません。10～12の間だったら、たぶんあなたは両者の中間です。

「The Highly Sensitive Person」（http://hspjik.life.coocan.jp/HSS-Test.html）日本語サイトより引用。

私が当てはまる気質と感じるのは、既に知っていることに興味が薄く、新しい場所・人が好きで、そしてとても飽きやすいところです。

転職も、辞めると決めて次の職場を探しているときが一番ワクワクします。知らない場所・職場・人を知れる妙な高揚感に襲われて、転職が終わるまでずっと興奮状態が続きます。新しい職場でもプライベートでも、初めて会う人に興味があるので人見知りは一切ありません。むしろ、どんな人でも初対面が一番ワクワクします。特に興味をそそられた人や好きな人についていては聞きたいことが頭の中に溢れるように出てくるので、いつも回答を聞くのもそこそこに質問コーナーが始まります。しかし、今までのパターンでいうと、知ることがなくなると、その人に飽きてしまいます。すぐ飽きるせいか、人間関係もすぐリセットしがちです。最近も、会社で仲良くなった同僚との関係をなくしてしまいました。優しく接してくれていたのに、なかなかリセット癖が治りません。

他にも飽きやすい特徴の一つだと思いますが、私は、何に対しても先が分かってしまうと途端に面白くないと感じてしまいます。厄介なことにそれは人生にも反映されていて私はこれまで、一寸先は闇の人生を送ってきています。それはダメなことだと思い、とてつもない不安と恐怖を抱きながら、現状も結局先が分からない不安定な人生を送っています。もう32歳なのに仕事はなく友達も親友一人だけで、資格もなく、人より秀でている部分は特にありません。両親とも友好な関係とは言い難く、質素な一人暮らしをしており、この間年金定期便の内容を見て笑ってしまいました。俗に言う、詰んでる。もう笑えない現状！　日本の景気も激ヤバなのに！　このままいけば死のみだよ！　と分かっているのに結局これを選んできてしまっています。でも、めちゃくちゃなリスクを犯したことはありません。ギャンブルや株は、何度もやろうとしましたができませんでした。

あとはせっかち・好奇心旺盛など、自分では少なからずＨＳＳの気質も持っていると感じています。ＨＳＳでＨＳＰ。そう、真実はなんと二つ。

続・ＨＳＳの話

ＨＳＰとＨＳＳの気質を知ったとき、「だからか!」と謎が解けた気がした自分の特徴があります。

それは、映画やドラマ、アニメが見れない、小説が読めないという特徴です。20代半ばでそれが特に強くなり、自分で謎の奇病と名付けていました。

今はもうなぜそうなるのか理由は分かっています。多分ですが、理由は疲れるからです。無意識の身体による拒否案件だと思います。具体的にいうと、ドラマを見るとき、どこを見たらいいのか分かりません。というか見るところが多すぎるというのが問題です。

演技をしているという現実的な観点と演技でつくりあげられた空想の世界観を同時並行で見ることになるので、その時点で気が散漫になり、目から入る情報で頭がいっぱいになります。今泣こうとしている、上手いな、この人下手だな、この人眉毛もうちょい細い方が似合うだろうな、ここロケ地どこだろ、その台詞まわし違う方がいいんじゃないか、時系列それは無茶がないか、ここまとめて撮ったんだろな、いやそのときそんな感情になるか、音楽入りすぎだな、セットすごいな、製作費かかってるなぁ、この場面

既視感すごいな、そのソファ高そうだな、このスーツパツパツだな、あの色綺麗、製作陣誰だろ、この役者さんどこかで見たな、調べ始める、視聴率どうだろ、なるほど、またこのパターンか、などなど同時に勝手に頭に浮かんできてしまいメインストーリーに集中できません。かといって感情移入もしっかりしているので目からはしっかりと涙が出ています。感情と頭をずっと使っていて、一つの出来事から思考を派生させてしまうので、何も考えずに見ることができません。

勿論これは多かれ少なかれ人はやっていることだと思いますが、自分はそれにのまれてしまって純粋に楽しめなくなってしまいました。そして、同時にHSSのせっかちさもあるので、最近は気になる話があれば、ネタバレやあらすじをすぐさま読んで満足してしまいます。先を知りたい！　その感情が抑えきれないので、漫画も一度読み始めたら、最終巻までもの凄いスピードで読み進めます。巻数が多ければ、何日にも渡るのに寝不足になりながらも最終巻に行き着くまで止められません。

他には会見やインタビューも映像ではなく、自分のペースで読める全文記事で確認してしまいます。内容だけを知りたいので「え〜」などの間に耐えられず、テレビ番組も倍速機能を使って見ることが多いですし、YouTubeもスキップ機能を使いまくってしまいます。

せっかちさでいうと、これはHSSに関係しているのか分かりませんが、自分でも結構キテルナと思ったのは、納豆をかき混ぜなくなったときです。混ぜなくても栄養は一緒だと思ったときからそのままで食べています。ヤバイ。今の炊飯器の購入の決め手も、早炊き機能の分数で、速さを重視していますし、料理をする際も効率よく段取り、もの凄いスピードで進めます。

他にも、アーロン博士のチェック項目にもあるように、話が面白くない人への興味のなさが自分でも改めた方がいいと感じるくらい酷くなっているので、日頃から態度に出さないように気をつけています。また、毎日規則正しく生活するということも飽きてしまうので、できません。寝る時間も起きる時間もご飯の時間も毎日バラバラな方が、私は身体的にも精神的にも楽に感じます。

今は落ち着いていますが、知らないことへの好奇心はとても強いので、若い頃は興味本位で色々と行動していました。刺青のイベントや身体にツリガネ型の針をぶっ刺して吊るされるイベントに行ったり……。昔は色々と興味と好奇心に振り回されていました。

屋久杉インパクト

私が社会人1年目の頃の話です。

私は当時、全国展開をする会社の、西日本店舗を取りまとめる営業所で正社員として働いていていました。その営業所は隣県にあり、毎日1時間40分かけて通勤していました。朝ギリギリに起きて、地下鉄から私鉄に乗り換え45分間電車に揺られるのですが、毎日の通勤だけでヘロヘロだった私は、回復をはかるために、始点の電車に乗り込んですぐ寝始め、目的地に着く直前に起きるという有能な体内時計を確立し、乗車している45分中43分は寝ていました。

関西の営業所は社員の人数が少なく、同期は一人もいません。歳の近い正社員は一つ上に一人いるだけで、あとはおじさん三人とパートさん一人です。営業所といっても、店舗も兼ねており、事務作業と接客のどちらの業務も行わなければいけなくて、社会人になったばかりの私は、慣れない毎日に疲労疲弊しながらなんとか働いていいました。

右も左も分からないままガムシャラな日々を繰り返し、クタクタになりながら毎日夢中で働いていたら、いつしか夏の商品を取り扱う季節になっていました。

そんなある日、私は一人の女の子と出会います。

彼女は浴衣を探しに入店してくれました。少し話すと、とても明るくて可愛い社交的な20歳前後の子だと分かり、私は疲れている中でも、その瞬間は楽しく接客をすることができました。そして、彼女は店を出る際に、

「私、隣りの台湾料理屋さんでバイトしているんです。良かったら仲良くなりませんか？」

と声を掛けてくれました。

私は多少の好奇心もあり、

「いいんですか？」

と仲良くなることにし、連絡先を交換しました。

彼女は、まなみと自己紹介をしてくれ、日頃から適度に連絡をくれました。

そして、出会ってから数週間後にメールで
「今度、知人の家でワインパーティーがあるんだけど、アキちゃんも一緒に行かな

い？」

と誘ってくれました。

テンプレのような誘い文句に私は、「ホームパーティーって本当に実在するんだ、そんなことあるんだ」と好奇心を刺激され、「行くよ」と返事をしました。エイチエスエス。

ワインパーティーの詳細は、何でもいいからワインを1本持っていくこと。それだけです。まなみちゃんは、家主のことも、どういう規模でどんな人が集まるかも教えてくれませんでした。だから私も敢えて、質問はしませんでした。出会って数週間の、素性の分からない人と知らない人の家のホームパーティーに参加する。シンプルに危ない。

パーティー当日、ワイン屋さんでそれなりのワインを購入し、隣県の知らない人の家に向かいます。まなみちゃんとは、最寄駅に集合し一緒にパーティー会場に向かうことになっていました。

私は順調に駅に着き、まなみちゃんと合流して、言われるがままにパーティー会場に向かいます。着いた先は、とっても綺麗でモダンな新しいお家で、どことなく勝ち組臭が漂っていました。そこで私達を迎え入れてくれたのは、黒髪の推定40代の綺麗な女性で、勝ち組らしいピンクの大花柄袖なしワンピースを着ていました。私達が一番乗りだったのか、招待客はまだ誰一人来ておらず、家の中には小学生くらいの歯列矯正中の女の子と小学校低学年くらいの男の子の兄弟が、リビングでホームシアターを見ていました。やっぱり絵に描いたような勝ち組の家族。圧倒されながら、促されるままリビングの丸テーブルに着きます。女性は、まだ料理の準備中らしく、まなみちゃんはお手伝いをし始めました。私は「何か手伝いましょうか？」「大丈夫よ、座ってて」という無難なやりとりを終え、知らん家族の知らん家で他の知らん参加者を待ちました。

徐々に参加者が集まり、最終的に10人程度になりました。他の参加者は、女性の旦那さん、エルメスで働く綺麗なお姉さん、英語教師の夫妻、大学生くらいの男の子がいたと思います。あとは記憶力の限界で思い出せません。料理を終えたまなみちゃんが私の隣に座り、パーティーが始まれば、他の参加者と一緒にお洒落な料理をいただき、ワインを嗜みました。

話を聞いていると、参加者の中で初対面なのは、私とエルメスのお姉さんとあともう一人くらいで、他の方は面識があるようでした。私は話しかけられたら応える程度でその場を楽しんでいました。私が参加した会話で覚えているのは、まなみちゃんと出会った経緯とエルメス勤務はエルメスを社割で安く買えるのかと、あと、英語教師夫妻に体型を褒められたことくらいです。「細いのに出るとこ出てていいわね～」と言われ、「いや、これパッドが最初から結構入ってるブラだから違うんだ」と心の中で思ったことを一番覚えています。

結局、その日は楽しく会食をして終わり、何の集まりかは分かりませんでした。

その日以降も、まなみちゃんは適度に誘ってくれました。なかなか時間が合わない二人でしたが、休日に勤務先の近所にある有名なカフェに行くと、やっとまなみちゃんとゆっくり喋ることができました。

まなみちゃんは、以前保母さんを目指して学校に行っていたこと、今は辞めてアルバイトをしていることなどを話してくれ、徐々にお互いのパーソナルな部分に触れていきました。私は、まなみちゃんの快活な喋りに若いのにしっかりしているなと感心していました。

将来の希望、そんな話題に話が及んだとき、まなみちゃんは私に問いかけます。

「アキちゃんは、屋久杉見たことある?」

「屋久杉はないな。まなみちゃんはあるの?」

「まだないの！　行ってみたくない?　凄いらしいよ！」

「そうなんだ。いつかは行ってみたいね〜」
「そうそう、行ってみたい所に自由に行ける生活って理想じゃない？」
「うん。憧れはあるよ」

そして以下まなみちゃんは流れるようにマルチ商法の紹介に入ります。ありがとうございます。

私はこのときの話の流れに違和感を感じたのか、〝屋久杉〟というワードだけとても印象深く覚えています。だって急な屋久杉話！　このとき確か、ホームパーティーの参加者もほとんどお仲間だったことを知ったと思います。最初に勝ち組を見せる作戦か。

しかし、このときまなみちゃんはマルチ商法について軽く紹介はしてくれたものの、私は強く勧誘されることはありませんでした。世間話程度です。

私は、まなみちゃんがマルチ商法目的で私に近づいたと

知った後も楽しく話をしました。なぜかというと、私はマルチ商法に興味があったからです。私にとってマルチ商法とは、噂では知っているけど、現実で一生あうことがないかもしれない、どこか非現実的なものでした。そして、まなみちゃんが某有名マルチ商法の人だと明かしてくれたおかげで心のどこかにあった「あのピラミッド型の図を描いて説明されるやつを見てみたい、説得途中で上司らしき人が応援に加勢にくるパターンが本当にあるのかな」という思いが止められなくなり、好奇心が膨らんでいきました。

信じる者はお願い救われて

その後も、まなみちゃんとメールのやりとりは続きました。しかし、マルチ商法には触れない普通の会話が続き、私はこの頃には、マルチ商法の勧誘が、いつくるのか、いつくるのか、と待ち望んでいる状態でした。そしてさらに数日後、まなみちゃんから連絡がきます。

「今度、アキちゃんちの近くで勉強会があるからアキちゃん来ない？」

「そうなん？　行こうかな」

二つ返事です。

止められない好奇心。

そして、まなみちゃんはやはり勉強会の詳細を言いません。

何の勉強会なのかな。

でも、詳細は問いません。


勉強会当日、開催時間が夜からだったので、会社帰りに向かう予定でした。しかし、底辺会社員は急に残業になってしまい、勉強会の開始時間に間に合わなくなり、私はまなみちゃんに、謝罪のメールを送りました。まなみちゃんは、既に会場に着いており、遅くなってもいいなら会おうよ、と優しく言ってくれました。そこで思いが高まります。今日くるかも。

仕事が終わり、会場に向かいます。住所が送られてきて、それを見ながら着いた先は、マンションの一室でした。言われた部屋番号に入ると長方形の小さな会議室みたいなところで、若い子が10人以上同じ方向を向いてパイプ椅子に座っていました。皆の視線の先には、旅人風のお洒落なハットを被った中年男性が、今まで巡った世界の旅をスライドショー形式で紹介していました。なんかその男性が砂漠にいる画を覚えています。私は部屋の後ろに立って様子を見ていましたが、まなみちゃんが気づいてくれ、空いている椅子に促してくれました。

勉強会は終盤だったようで、着いたらすぐに終わってしまいました。まなみちゃんは若い参加者に〝キャンペーン〟という言葉とともにチラシを配っており、その態度からリーダー的立場なんかなと推測しました。私は、まなみちゃんに「遅れてごめんね」と謝りました。まなみちゃんはそんなことを気にも留めず、優しく、ご飯でも食べに行こう、と言ってくれ、私達は近くの飲食街に繰り出すことにしました。

くるぞくるぞ。

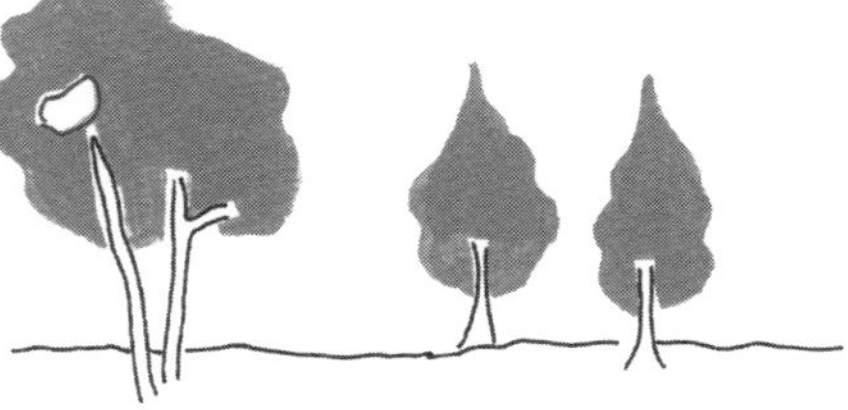

私はそんな高揚感を抑えつつ、飲み屋街をフラフラし、海鮮系の居酒屋に入り、すぐに席に着き適当に飲み物を注文します。

そして、話題は、ついにきます。

「〇〇（会社名）って知ってるよね。どんなイメージ？」

「詳しくは知らんのやけど、めちゃ商品良いって聞く」

知人にその商品を使っている人がいたので、その事実は本当に知っていました。そんな会話をしながら、まなみちゃんは、着々と話を進めてくれ、商品のパンフレットを取り出して、私に見せてくれます。まなみちゃんの商品説明を聞きながら、私は肯定的な言葉を言いました。「へ〜！」「良さそう！」「良いって聞く！」大体こんな相槌を合間に入れ、「これだこれこれ」と思いながら興奮の時を過ごしていました。

そして、その後は、特に何もありません。

オチはないです。ごめんなさい。

というか、それをピークに急に記憶が朧げです。

楽しみにしていたピラミッド型の図はたしか描いて説明してもらったと思います。

しかしもうそこで好奇心の急降下がきているのであまり覚えていません。もう飽きてる。

説明が終わった後は、とりあえず、契約についてはすぐに答えは出せないからまた連絡するね、といってその日は解散しました。上司らしき人は全然来ませんでした。

その後も時折まなみちゃんから連絡がありましたが、しつこいなんてことは全くありませんでした。

私の場合、基本人を信用せず、勝手に疑い深く生きているので、様々な思想やマルチ商法などに興味はありますが、はまったことはありません。自分の思想が強固過ぎるため、冷静にみてしまいます。でも、色んな思想を聞きたいという好奇心はいつもあります。そして、そこに自分が揺らぐかもしれないという少しばかりの恐怖心もちゃんと持っています。この辺、他のHSPの人はどうなんだろう。やはり疑い深い人が多いイメージです。

20歳そこその頃、私は家に勧誘にきたスーツを着た若めの男性にも話を聞かせてもらったことがあります。

「あなたは、死んだらどうなると思いますか?」

と言われ、

「どうなるんですか?」

と聞き返しました。

そして少しだけ教えをうけたと思います。ありがとうございます。失礼なことに内容はもう覚えていないのですが、そのとき他に気になったことがあったのは覚えています。それは、彼の後ろに静かに佇む年配の女性がいたことです。男性はまだ研修期間中なのかなとか、その団体にも研修制度などがあるのかな、と気が散ってしまっていました。

休日の昼下がりに公園でベンチに一人座っていたら急におばさまが近づいてきて、B5サイズのパンフレットを無言で手渡されたこともあります。私が「これなんですか？」とたずねようとすると、おばさまは、そそくさとその場から去って行きました。

そのパンフレットに目を移すと、

「苦は自らつくる」と書いてありました。

そんなに苦は自らつくる顔してたかな。

どちらにしても皆様ありがとうございました。

あんまり言いたくない

HSP、HSSと今までもずっと自己分析にしかすぎませんが、自分は多分アダルトチルドレン（子供の頃に家庭内トラウマを持ち、大人になった人。子供の頃は周囲の人や大人の反応、様子に敏感）でもあります。プラケーター型（慰め役。小さなカウンセラーとも呼ばれる）。

それによって自己肯定感も薄めになったと理解しています。これは20歳頃から認識していて、そのせいでずっと生きているのが苦しいのだと思っていました。

アダルトチルドレンとHSP、調べていくとどうやら関係があるらしく、体感でしかないのですが、そのせいで特定の気質が強くなっていると感じています。自分のHSPの気質の中で特に強いと思うのが、顔色を伺うことと人の怒りに敏感なことです。とにかく、怒っている人が怖い。

人と関わると、仕事をしていると、常に心のどこかで恐怖と不安がついてきます。毎日毎日、不機嫌な人はいないか、怒っている人はいないか、人を怒らせないように、誰かに怒られないように、その思いでしか動いてないと言っても過言ではありません。HSSのときに初対面は大丈夫と言ったのに矛盾してるじゃねーか、と思われても仕方ありませんが、この気持ちも嘘ではありません。大分マシにはなっていますが、並行して持ち合わせています。

どうやら幼少期の家族の在り方が関係しているようです。

私の母はヒステリックに怒る人でした。一人で抱え込むタイプで、ストレスの発散の仕方が下手だったと思います。家の雰囲気は常に母の機嫌次第で、昨日正解だった私の行動言動は、翌日の母の不機嫌な日には不正解になり、その日の正解を、その瞬間の正解を、顔色から読み解かないといけない日々でした。

父は仕事人間でした。朝早くから夜遅くまで仕事にいき、実家にいた18年間で一緒に晩御飯を食べた記憶は数回しかありません。家族の為に必死に働いてくれました。ただ、隠れて株をしていたり、マンションを知らぬ間に購入していたりと一時期は莫大な借金がありました。結構破天荒。

働き者の父と育児を一人でしょいこむ母、よくある昔の家族です。両親は仲が良いとは言えず、普段から会話もあまりありませんでした。時々発生した理屈人間の父と感情的な母の解決のない長い話し合いは、今でも脳裏にはっきりと焼きついています。私の思い出に残る家族の雰囲気は、いつもどんよりと黒く淀んでおり、家庭内は常にピリついていました。私は、怖くて怖くて毎日泣いていたけれど、家族の前では気丈に振舞っていました。母の前で泣いたことはないと思います。

今でも、両親とはうまく付き合えていません。私がうまくコミュニケーションを取れないのが悪いだけですが、両親は世界で一番気を遣う存在です。また、両親も今は私に気を遣ってくれていると感じています。いつまでも昔のことを引きずって我ながら情けないですが、家族のことになると自分の感情のコントロールが効きません。また常に心の片隅に家族のことがあるのか、18歳で家を出てから今まで、どんなに遠くにいても鎖で繋がれているような感覚を持っています。

両親とうまくやっていきたい。その思いを今も諦めきれず、余計関係を拗らせているように感じます。世間様に自慢のできる心配させない自立した立派な一人前の社会人になりたかった。でも現実は、いつまで経っても安定せず結婚もしないフラフラした娘。本当に申し訳ない思いと、両親の希望とも私の理想とも大きくかけ離れているその事実に、私は余計自分が情けなくなり自己肯定感を下げていきます。３６５日24時間、責める自分からは逃げられません。

今までどうにかしたい、何でこう苦しいのかと疑問に思い、自分なりに手がかりを探し足掻いてきました。自己肯定感という言葉も昔から知っており、それが自分を変えるために大事な要因だと分かっていながら、これまでうまく得ることはできておらず、結局根本的な解決策は見えていなかったと思います。

健康に生きることに欠かせない自己肯定感。ずっと喉から手が出るほど欲しいと思っていた自己肯定感。なんてゆーか、もうめんどくせぇから売ってくれないかなぁ、とい

う境地に達していました。

そんなときに私はＨＳＰを知ります。今では、ＨＳＰは複雑にもつれた糸を解くことのできる知っておいた方がいい自分の根幹部分だと感じており、自分を正しく理解できるヒントを与えてもらったと思っています。

アキ

今の家族の一番の問題児は私です。

私には、二つ歳の離れた兄がいます。私の兄はとても温和で毎年ベストオブ温厚賞を受賞できるくらい穏やかで優しい人間です。普通、歳の近い兄妹は子供の頃には兄妹喧嘩が発生するものだと思うのですが、兄とは喧嘩をした覚えがありません。三つ下の弟とは喧嘩をした覚えがあるので、兄が温厚なため、喧嘩をしたことがないということが立証されています。

私が幼稚園の頃の兄の印象は、明るくて面白くて優しくて、笑顔が可愛いお猿さんのような人でした。ふざけるのが大好きだった兄は友達も多く、兄と兄の友達の後ろを私はよく着いて行っていました。年上の兄弟がいる人にはよくあることかもしれませんが、私は兄の同級生に「◯◯（兄のあだ名）の妹」と呼ばれていました。兄のあだ名は、苗字の一部を切り取ったものだったので、小学校に上がり、私もそのあだ名で呼ばれるようになったときはとても嬉しかったことを覚えています。今まで私は色んなあだ名で呼ばれてきましたが、兄と同じあだ名で呼ばれることが一番好きで、どれくらい好きかというと、筆名にしてしまうくらいです。

兄と兄の友達はいつもうちでゲームをしていて、私はそれをいつも後ろで何時間も静かに見ていました。ただジッ

として、参加することもなかったけど、その時間がとても幸せでした。そしてその頃で、私の家族の幸せな記憶は終わっています。

大きくなるにつれ、いつしか兄は変わっていきました。だんだんと喋らなくなり笑顔が消え、最初は反抗期とか思春期特有のものかとも思い見守っていましたが、兄が高校生の頃にはもう全く喋らなくなり、母が話しかけても「うん」で終わるようなそんな会話しかできなくなりました。前髪は長く、ずっと下を向いていて、1階にはご飯のときとお風呂のときしかおらず、それ以外は2階の自分の部屋にずっと籠もっている。同じ家にいても顔を合わせず話もできない、そんな状況が続くと、母は戸惑いと怒りと悲しみでどうしようもなくなり、私は時々その愚痴に付き合っていました。そんな兄に、私は「前髪長いの気持ち悪いよ」とひどい言葉を投げかけたこともありました。結局兄はその後、喋らないまま大学進学とともに家を出て、家族とはしばらく最低限の連絡しかとらない時期が続きました。

今でも、兄に何があったのか家族の誰も知りません。あの頃、兄が喋らなくなるとともに家の雰囲気もどんどん暗くなり、家庭は居心地のいいものとはかけ離れていきました。

兄が家を出てから2年後、私も大学進学とともに家を出ました。兄とはお互い連絡先も知らない状況で、会う機会はほとんどありませんでしたが、それでも法事などで数年に1回、顔を合わせることがありました。

家を出て数年経った兄は、負のオーラも薄くなっており、相変わらず口数は少ないけれど、昔の面影がみえはじめていました。温かく明るく優しい小さい頃の兄の面影。親戚が集まり兄が喋ればその団欒は盛り上がり、明るく笑い声があふれる、そんな光景が久しぶりに見れたときはとても嬉しく思いました。

その輪を少し離れたところで見ていた私は、ふと一つの疑問を持ちました。

「なんで兄が喋ると、空気が優しく温かくなるんだろう」

そして、その直後に答えが分かりました。

「笑い声だ」

それはとても幸せな笑い声です。聞いていたら温かい気持ちになり、その場をフワッと包みます。それに気付いた私はその柔らかさを得るため、早速真似しました。モテると思って。

自分なりに研究して、誰かと喋る際は意識して、笑い声をつくるようにしていました。作り笑い声。すると、本当に効果があって、なんと1週間で彼氏ができて、宝くじ6億円が当たり、ガンも治って幸せに暮らしました。違う、ノリで書いたら怪しい広告みたいになった。

でも、本当にいい感じになりました。人って自分で雰囲気を変えられるみたいです。「アキちゃんは女の子らしいよ」と今まで言われたことがないセリフももらうことができ、人間温かい雰囲気って大事なんやなぁ、と身をもって実感しました。

人類はやっぱり温和で優しい雰囲気が大好きだ！　癒し系は間違いない！　可愛い笑い声はつくれる！　そんな答えに一時はいきつきましたが、私は今はもうその作り笑い声はやめています。やっぱり根が温和じゃねぇから性に合いません。疲れる。でも、笑顔や笑い声の大切さは学んだので笑うことを意識するようにはしています。

現在の兄は大学時代から付き合っていた人と結婚し、子供も生まれて、めっちゃくちゃ優しいパパです。もう本当に優しくて安心感のあるパパ。結婚、出産に伴い、実家との繋がりも濃くなって、それとともに実家の雰囲気もよくなっていきました。というか、今が一番良い。家族の問題は根深いですが、家族の形も時間とともに少しずつ変化していくのだと、年齢を重ねて実感しています。

HSPな私の日常

ここまでウダウダいってきましたが、自己紹介はもう終わりです。なげー自己紹介。そして本題。

具体的にHSPってどんな感じなのって話です。生きづらいと言われがちなHSP。ちなみに私は他の人生と比較することができないので、生きづらいと思ったことはありませんでした。しかし、生きるのが苦しい、自分は人より劣っているんだ、という思いはずっと持っていました。

では、ここからは、HSPの特徴の中で自分に当てはまるなと思った体験談です。

岡島さんマジ怖かった。

～HSPは他人の気分に左右される～

これこそ仕事が続かない要因の見事第1位！　とにかく、いつも人の気分が勝手に入ってきます。

私はここ5年で5社程デスクワーク勤務を転々としています。デスクワーク勤務は人との距離が近く同じ顔ぶれで同じ位置同じ時間を過ごすことが多いため、周りの情報が常日頃から勝手に入ってきてしまいます。いつも周りの感情に埋もれながら働くことになるので、日を増すごとに情報が蓄積され、次第に周りの人の次の行動・心理が無意識に推測できるようになってきます。HSPじゃない人も長くいたらそうだと思いますが、自分がなくなってしまうほど、気を取られてしまうので厄介です。

先ほども言いましたが、私の場合、一番厄介なのが人の怒りです。怒っている人がいれば、自分になんら関係がないことでも、その雰囲気を目の当たりにするだけで、頭の中がパニックになります。自分がしている仕事が何も手につかなくなり、全然進みません。社会人経験も短くないので、何度かこういう場面に遭遇していますが、何度「落ち着け落ち着け」と心の中で唱えても遭遇してしまえばそんなの無駄で、何も考えられなくなります。

一度、私の近くのデスクで、先輩同士の強めの言い合いが始まったことがあります。自分がパニックになることは分かっていたので、「そうだ、落ち着こう。とりあえずパスワード変更時期だから、パソコンのパスワードを変えよう」と決意し実行しました。しかし、じきに休憩になり、帰ってきてパソコンのパスワードを入れてみると、自分では変更したつもりだったパスワードは変更されておらず、その空白の時間に何をしていたのか全く覚えていないことがありました。何度思い出そうとしても、その空白の時間の頭の中は真っ黒で思い出せません。記憶がとぶ体験は初めてだったので、ビックリしたのと同時にとても落ち込んだことを覚えています。このとき私はまだHSPを知らなかったので、自分は人より怒っている人が苦手だなという認識はあったのですが、「気をつけていてもパニックになることを避けられないんだ。もういい大人なのに、何回同じ事を繰り返すんだ」と小さな絶望を覚えました。

私は仕事をしているとき、特にマイナスの気分に敏感になります。怒りやすい人や不機嫌になりやすい人、プライドが高い人などはその人の状態を無意識に毎日チェックしてしまいます。一番苦手な人に対しては、すれ違うときにご機嫌チェックを必ずし、いつも他人の気持ちに思考が占領されています。

人の怒りの沸点にも敏感で、人それぞれの怒りポイントもなるべく把握して生きています。テリトリーを侵害されるのが嫌いな人、ルールやマナーを破ることが許せない人、本能を妨げられる行為にイラつく人など、怒りポイントは千差万別です。職場に長くいればいるほど「あ、これはヤバいぞ」という怒りの察知が速くなり、「やめてやめてやめて、今それ言っちゃダメ」やら「今日はその人触れちゃいけないのに」やら「マジかよ、そこ動けってことだよ!」と、もう心の中が大騒ぎします。そして、悲しいことに職場での嫌な予感というのは当たることが多いです。

顔面蒼白人生
～HSPは常に最悪のパターンを考える①～

失敗やミスも常に怖くて、細心の注意を払って業務をこなします。入社直後の周りの状況が見えていないときの、言われたことだけをやる、という作業が特に苦手です。今やっている作業が、どの段階の作業なのか、次の作業がどうなるのか、どういう意味があるのか、が分からないと怖くて次に進めません。ミスをすると、どの規模でどんな影響が出るかの一番最悪のパターンが瞬時に頭の中を駆け巡り、少しのことで全責任を感じ、「ヤバイ、終わった」と肝を冷やします。

HSPは最初は仕事が遅いといわれています。しかし全体が見えるようになり、気になる部分がなくなってくると作業効率が一気にアップするらしい、です。分かります。しかし、私の場合、そうなっても緊張状態が解かれることはありません。できることが増え、より責任ある仕事が回ってくると、その責任感に押し潰されて、今度は辞める選択を視野に入れ始めます。職場にいればいるほど、人間関係も仕事もより辛くなってくるシステムです。

仕事中、常にアンテナを張って危機察知能力を最大限に高めて日常を過ごしているせいか、身体は緊張状態を続けているようで、家に帰ると倒れるように寝てしまうことが多くあります。特に私は仕事中は常に人に怯えて生きているのが前提なので、小さな事でもビクビクしてしまい、自覚がないまま本当に疲れてしまっています。仕事が終わってからの気持ちの切り替えも下手で、寝ても覚めても休日でも引きずるので、職場を一歩出たら仕事のことをサッパリ忘れられる人がいると知ったときは、ビックリしたのと同時にとても羨ましかったのを覚えています。そんなだから、休みの日も身体が起き上がらないことは日常茶飯事で、長時間の睡眠で休日を潰してしまっていました。

私は基本的に、常日頃から怒られたくないがために、無理をして取り繕って人と接

しています。それは本来社会人として悪いことではないはずなのに、自分のキャパシティを容易に超えてしまうので、結局自分が破綻し、仕事を辞めることになってしまいます。そして、「やっぱり自分はダメな人間だ」と自己嫌悪に陥り、その後「でも次こそは!」と次の職場に臨み、また同じことを繰り返します。やっと最近このパターンに気付きました。

ストレスもすぐに身体に現れます。ストレス耐性はほぼゼロです。不眠、頭痛、吐き気、胃痙攣、ぎっくり腰、過敏性腸症候群、耳の不調、アレルギー、肌荒れ、過食、食欲不振等々ストレスの出方ってこんなにあるんだなと毎回感心するほど経験してきました。毎度お馴染み頭痛のパターンでストレスさんが出てきたら、慣れ親しんだもんだ、と安心感を覚えるほどです。

私は、身体に異変が出始め、しばらくして治らないなと

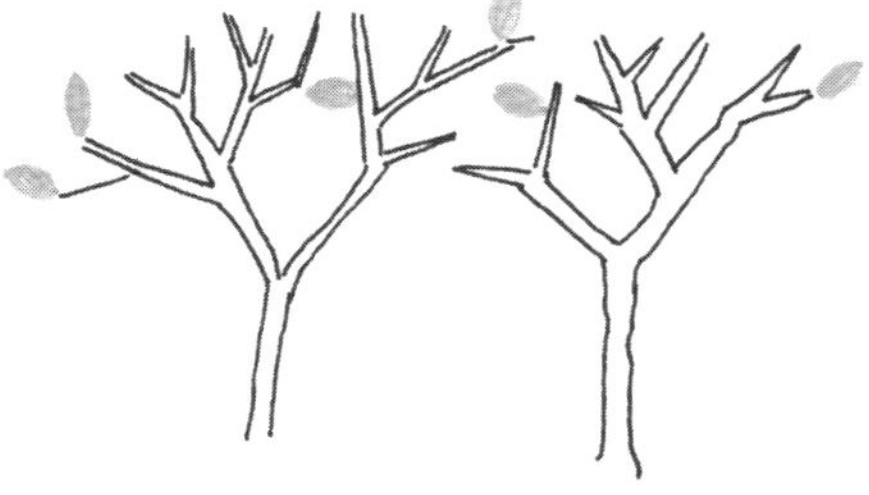

判断したら、仕事を辞めることを考え始めます。辞めると決めたら、HSSの気質もあってか、次の職場へ一直線です。すぐに上司と面談、派遣会社へ連絡、次の職場探し、職場訪問、面接、しっかりと段取りをし、興奮状態の中、短期間で次の職場に移ります。自分でもビックリするぐらい迅速な行動です。

今までこの繰り返しで順調に転職回数を増やしてきました。

なんだかんだここまでいってきましたが、HSPに限らず人は多かれ少なかれストレスを持って生活していますし、より過酷な環境を耐え抜いている人はいっぱいいると思います。仕事ってそういうもんだから。お前だけじゃねぇぞ！　と思われるかもしれません。私もそう思います。

でもどうしても踏ん張れません。

その恐怖と不安から逃れたくなる。

その仕事を辞めないとその恐怖と不安から逃れることができません。

その恐怖と不安から逃れることができるなら、私は、自分の生活なんてどーでもいい、と思ってしまいます。

HSP以外の人と話をしていても、仕事をしていて感じていることは同じだったり、すぐに感覚を共有できたり、違和感を持つところが同じだったりします。それなのに、彼女は同じ所で働き続けることができ、私は仕事を転々とするという選択しかできない。その違いがなんなのか、ＨＳＰを知る前は明確にすることができませんでした。

今は、やはり、他人との境界線を上手く引くこと、が重要だと思っています。他人の問題を自分の問題と捉えず、自分のキャパシティを超えないようにする。嫌な言い方をしたら、自分の気持ちにだけ向き合い集中し、正直に生きる。自分はあの人とは別の生き物だ！　という強い意志が必要だと感じていますが、それにはやっぱりＨＳＰを理解していることと自己肯定感が必要ではないかと思っています。

自己肯定感。人生のキーワード。

負け好き

中学生の頃、私は軟式テニス部に所属していました。

何で軟式テニス部に所属していたかというと、母親がテニスを好きだったからです。入部した経緯ははっきりとは覚えていませんが、いつの間にか軟式テニス部の体験入部をし、いつの間にか本所属をしていて、そこに自分の意思はありませんでした。

私は元々とても運動音痴です。基本的にセンスがないといいますか、どんくさいといいますか。分かりやすくいうと運動偏差値45くらいです。その頃はまだ、自分をうまく捉えることができていなかったので、完全な判断ミスにより、100%自分に合っていないゴリゴリの運動部に入部していました。

日中は授業を受け、放課後は毎日部活に励む生活。今思い返せば、小中高大と学生生活を送っていた中で、部活をやっていた中学生時代が一番疲れていたと思います。

私の学校のテニス部は同学年の女性所属人数だけで約20人いました。結構な大所帯の中、女同士の小さなイザコザに細心の注意を払い、怖い先輩をうまくかわしながら、毎日一生懸命泥くさく体を動かしていました。勿論、私は運動音痴なので、テニスもうまくなかったのですが、下手だということが恥ずかしいこともあって、他の部員においていかれないように必死に練習をしていました。軟式テニスにも、シングルスとダブルスがあって、大会に出る際には、私はダブルスの前衛として出場していました。大会が行われる場所は、私達の中学校から自転車で約50分かかる山の中にあり、坂道を必死に漕ぎながら向かいます。私の家は中学校からも遠く、試合の日になると、朝5時台に起きなければいけなかったため、体力がないことに他の追随を許さない私は、試合会場に着く頃にはヘトヘトになっていました。

テニスコートは複数あり、自分の出番がくるまでよくコンビニで買ったアップルパイを食べながら待っていました。うちのテニス部は、はっきりいって強くはありませんでした。経験者も特におらず、1回戦が突破できればまぁ上出来の方で、2回戦を突破したとなると、部員総出で喜び、応援をしているような状態でした。私はその弱さがどこか心地よく、気が楽でした。大会はそう定期的にあったものではなかったと記憶しています。数か月に1回程度で、ダブルスのペアは毎回決まった人ではなく、試合ごとに顧問の先生が決めていました。

ある日、大会が近くなった日の部活動中に、私のペアは、かおりベイベー（あだ名）だと先生から告げられました。かおりベイベーは、時々ペアになるよね、くらいの仲が良くも悪くもない絶妙な距離感の色白で可愛い女の子です。かおりベイベーも私も部員も大会の日まで一生懸命練習をしました。

そして大会当日、朝早くに会場に到着し、ドキドキしながら自分たちの出番を待っていました。相手は隣の中学の強豪チームです。出番が近づいてくるとウォーミングアップをしながら、そのときを待ちます。私達の前の試合が終盤になるとスコートに着替え、かおりベイベーと一緒に試合が行われるコートまで小走りで駆けます。

他のコートの横を抜け、私たちの試合が行われるコートに向かっている途中にかおりベイベーは、爽やかな笑顔で私にこう言いました。

「ソメちゃん、絶対勝とうね！」

「……うん！」

私はちゃんと元気よく「うん！」と答えました。

「うん！」以外の選択肢はないと思います。試合が始まり、一生懸命プレーをしました。かおりベイベーも私も毎日の練習の成果がでるように、ナイスプレーができるように、応援してくれる皆のためにも、ベストを尽くしました。しかし、結果は勝つことができませんでした。

この日の試合前のかおりベイベーとのやりとりが、今でも私の心の中に強く刻まれています。なぜかというと、私は相手チームに勝ちたいと思わなかったからです。かおりベイベーが言う純粋な気持ちの「勝とうね！」に私は心の中で明らかに戸惑ってしまい、自分の中に、人に勝ちたい、という気持ちがないことに気づいてしまいました。

とはいうものの、これまでの人生で全く勝ちたいと思ったことがないわけではありません。そういう欲が生まれる瞬間はあったと思います。しかし、スポーツに関しては、今まで誰かに勝ちたいと思った記憶がありません。下手だったら恥ずかしい、とか仲間に悪い、とかスポーツをするときって大体そんな感情でどこか怯えていました。どちらかというと相手の「勝ちたい」という思いの方が自分に強く作用します。

今まで沢山の負けず嫌いの人に会ってきました。負けず嫌いの人の気持ちってとても強いです。スポーツは特にそれが前面に出てくる場面だと思います。きっとＨＳＰじゃなくてもその気持ちは感じ取るものだと思いますし、負けず嫌いの人は故意にその気持ちを出していることもあると思います。

その気持ちを目の前にすると、どうしても「私は特別勝ちたいと思う気持ちがなく、負けても悔しいと思う気持ちがない。私は負けてもマイナスの気持ちが発生しないから、負けて強烈にマイナスな気持ちが発生する負けず嫌いの人が勝つ方が、勝敗で発生するマイナスの気持ちの総量が少なくなる」と考えてしまいます。分かりづらい。

というか、今まではそこまで深く考えこまずになんとなく「私が負けた方がWin-Winじゃね」と思っていました。気持ちの面でWin-Win。Win-Winの使い方間違っているだろうし、今こう書いて全く伝わる気がしないけど。

とにかく、自分と相手とで発生するマイナスの気持ちの総量を少なくするという考えが自分の中にベースとしてあって、それに気付いたキッカケがかおりベイベーの一言だったということです。

負けず嫌いならぬ、負け好き。

そんな中学校時代。

ここまで書いてきましたが、今読み返していて、冷静に思ったことがあります。

皆さんも思ったかもしれません。

かおりベイベーの気持ちはどうした！　かおりベイベーはどうでもいいのか！　と。

本当にそうだね。

かおりベイベーゴメンやで。

手入れされた季節

私は、帰属意識が薄い人間です。

個人主義というか、現代人というか、自己中心的というか。例えば、野球やサッカーなどのスポーツチームを応援する際、地元チームだから応援する、という感覚が昔からありません。なんでみんな、自分が生まれた土地のチームを無条件に応援するのだろうと不思議に思い、今もチームの応援と生まれた土地の関係がどこにあるのか分からないままです。

私の地元は田舎ですが、客観的にみても悪いところではないと思います。住みやすいし、災害も少ないし、良いところがいっぱいあって、嫌いなわけではありません。大人になって都会を選んだからこそ田舎に生まれてよかったなと思うことも多いです。しかし、特別、故郷に思い入れはなく、それどころかなぜか静岡、長野、北海道に良いイメージを持っています。これから年齢を重ねれば、故郷への思いは、また変わってくるのかもしれませんが……。

帰属意識が薄い、それは家族に対しても残念ながらそうで、家族だから好き、という感覚は他の人より少ないと思います。正直にいうと私は中学生の時から自分の家族に対して、「同じクラスにいたら絶対に仲良くなっていないだろうな」と思ってしまっていました。

育ててくれた人に対してなんてことを！　恩知らずの我がまま人間！　最低だ！　こんな娘をもって御両親が可哀想！　冷徹人間！

先に自分で言っておきます。ごめんなさい。

家族に対しては、どれだけ苦労して育ててくれたかは理解しているつもりなので、とても感謝しています。私達を育てることで沢山のことを犠牲にさせてしまったとも思います。

そんな薄情な自分ですが、もう亡くなった祖母のことは親戚の中で一番尊敬していました。

私の祖母は、一般的な優しいおばあちゃん像を体現したような人で、聡明で優しくよく笑う人でした。おばあちゃんの家を訪ねれば、「みかん、食べるかね」「お菓子食べーさん」「クリーム（アイスのこと）あるよ」と私達兄弟に沢山食べ物を与えてくれ、時々お小遣いをくれました。

祖父母の家は、昔ながらの瓦屋根で、畳があり、襖があり、縁側があり、中庭には灯籠があり、蔵があり、家庭菜園もあり、家の前には田んぼもある。隣には山。近くには川。庭には、様々な野菜や果物、植物があり、いつ行っても季節のお花が咲いていました。夏はすいか、秋にはぶどう、大根、白菜、人参諸々、母親はいつも大量に庭で採れた野菜を貰って帰っていました。夏には花火、お正月には餅つきに書き初め、祖母の家に行く度に花札に触れ、百人一首の坊主めくりをし、負けた弟は泣き、そうやって盛り上がっていると、祖父の部屋からいつまでたっても下手くそな尺八の音が聞こえてくる、それがいつものおばあちゃんの家でした。

祖母は多趣味で、生花に習字や切り絵、俳句を習っていました。家の中には常に祖母の作品が飾られており、玄関には毎回、季節の生花が生けられていました。俳句は時々新聞に載り、「おばあちゃんまた載ったん!」と言えば、嬉しそうに目を細めて笑ってくれ、マメな祖母は掲載された記事を全部綺麗に切り抜き、保存していました。

そんな古き良き祖母の家で、私は桐の箪笥の中にあったアンティーク着物に出会います。アンティーク着物は主に昭和初期以前に着られていたものです。祖母が持っていた着物は、黒地にミドリと濃いピンクのツバメのシルエットが大きくデザインされている奇抜なデザインで、今まで私が認識していた着物とは全く違うものでした。

頭を殴られたような感覚。なんて言い過ぎかもしれませんが、それを見た途端大興奮した私は、何枚か貰って帰ることをお願いし、そして祖母はそれを許してくれました。勢いで貰ったはいいもののその奇抜なデザインを着こなせるか不安になった私は、祖母に問います。

「こんなデザイン誰が似合うん。着れるかな」

「着物は着ていくうちに、似合っていくんよ」

真偽は置いといて、その言葉は今でも好きな言葉です。おばあちゃんに似合っている柔らかい言葉。そしてこのことをキッカケに以後、私は、着物の魅力にズブズブとはまっていきます。

HSPは芸術に深く感動する、なんて気質もありますが、私はあまりに手の込んだ着物を見ると胸がドキドキしたり、涙が出たりします。職人がつくる芸術品に特に弱いらしく、細かい技と手の掛けられた時間が分かるような伝統的な作品を見ると、ミゾオチに衝撃が走り、涙腺を一気にやられます。着物は知れば知るほど、その奥深さが堪能できて罪なやつです。そして単純にとても美しい。

美しいもの大好き。

美しいものに弱い。

そんな人生を変える感動の出会いをした20歳の頃、就職先も着物に携わる企業にすることを決めます。

Yo! What's up! 調子はどうだい？
～HSPは電話やメールが苦手～

私は直接顔色が伺えない状況のコミュニケーションがとても苦手です。顔色が見えない分、相手の気分を害することをしていないか、失礼になっていないか、など正に極度敏感超気にしぃになってしまいます。

電話応対は恐怖に近いです。相手の情報を知らずに受け取るので、毎回電話が鳴る度にドキドキし、頭の中をフル回転させる、特に神経を使う業務の一つです。ぶっきらぼうなおじさんや滑舌が悪い男性に当たってしまったら「ヤバイ、終わった」と心の中で思わず呟いてしまいます。咄

咾の判断が苦手で言葉がすぐに出てこないので、すぐに焦ってしまいます。

会社では電話応対は新人がやる風潮があるので転職回数が多い自分は、電話応対をする機会が多くありました。そしてなぜか知らぬ間に、新人の中で自分だけ電話応対をしている状況に追い詰められていました。一生懸命電話を取っていると、いつしか先輩や同僚や後輩が電話が鳴っても無視するようになり、20人近くいる職場で、結局私のみが主な電話係になったことが過去2回あります。2社目のときは流石にデジャブすぎてツッコミました。再放送か！

そしてどうして何回も同じことになるんだと落ち込み、ストレスフルな生活を送ることになります。「マジかよ、最近の社会人はどーなってんだよ、上から言われた仕事はちゃんとしろよ」と思っていても何も言えません。できません。多分、普通の人ならそこで「嫌ならお前も取らなきゃいいじゃん」と思うかもしれません。他の人はそうしていますし、私も何回もそう思いました。しかし、できませんでした。「私は当たり前の事をしているだけなのに」という感情が拭いきれず、誰よりもやりたくないと思いながら、やってしまいます。いらん正義！　でも自分の正義を貫けないなら死んだ方がマシだ！　とさえ思っていました。ヤバい思想！

ちなみにコール1回目まで待ってみるとか同僚に勇気を出して電話とってー、と言ってみるなどの小さな足掻きはしてみました。勿論、効果はなし！　これが現実！

真面目が馬鹿をみる世界！　と、こういう小さなことからいつもストレス貯金は凄い勢いで貯まっていきました。いらんチャリーンチャリーン。

そして更に最悪なのがメールです。もうどんだけ時間かかるん！　てくらいメールを作成するのに時間がかかります。

失礼になっていないか、敬語の使い方が間違っていないか、いちいち小さなことが気になり、ビジネス文書をネットで検索しながら、何回も何回も書き直します。最近はセキュリティに厳しいこともあり、誤送信をしたら大ごとになるので、なかなかメールの送信ボタンが押せません。送信ボタンを、押してからもドキドキしてしまい、もうバカみたいです。バカ。

書き出しから迷っていたのでもう全部「Yo! What's up!　調子はどうだい？」にしてくんねーかなーと思っていたあの日々。メールでバイブス上げたかった。

私は特に社名を背負っていると思ったら無駄に責任感を感じるので、今、染井名義でするメールは会社員時代より随分楽です。なんかヘマしても私だけの責任になる世界。楽。バイブス上がる！

あみぃたんは寝たら嫌なこと忘れるタイプ。
～HSPは共感能力が高く感情移入をしやすいため、聞き役になりやすい～

HSPの人はマイナスの気持ちの吐き出し口になりやすいそうです。これも身に覚えがあります。

2つ前に勤めていた会社のときのことです。入社してすぐの頃、仕事終わりに2時間程、引き継ぎ相手からこの業務は最悪だ辞めた方が良い、と愚痴を聞かされることがありました。今からやろうとしている人に普通言うものなのか？　と疑問に思いつつも、人間関係も仕事のうちなので、結局その人が辞めるまでの2週間程その愚痴に付き合いました。私は業務を戦々恐々とした思いで引き継ぎましたが、結局、4か月で辞めてしまいました。愚痴を聞いていたときに、彼女から言われた言葉で今も引っかかっているものがあります。それは、「言おうかどうか迷ったけど、あなたなら分かってくれそうだったから」と言われたことです。

どこで分かってくれそうと、判断されたのか疑問です。仕事中は私語なんてしていないのに。

その次の会社では、入って3か月後の勤務中に、ロッカールームから出ようとした私の前に、今まで喋ったこともない先輩が立ちはだかり、私が所属している部署に派閥争いがあることを教えてくれました。どうしたらいいんですか。派閥争いなんて本当に現実にあるんですね。めちゃ怖いんですけど。そして別に知りたくないんですけど。と思っても言えません。そのときも気になったのは、同じ部署で私の1か月前に入った同じ仕事をしている同じ年代の人には、その話をしていなかったことです。どこで言う言わないを判断をしているのかお願い教えてほしい。

その先輩はその後も勤務中にも関わらず、敵対している先輩の過去にあったミスや人となりまで、その部署の歴史や悪口を度々言っていました。今思えば、強い気持ちを持って、聞かなければいい話ですが先輩ともなると、「ヤメテクレー」と思いつつもやっぱり言えません。

私は過去にセクハラにあったことがあります。その経験からニコニコ愛想良くしていると自分を苦しめるだけだと気づき、この会社も前の会社も極力愛想がないように、話しかけられないように、挨拶でさえ最低限にし、仕事の内容以外に話をしないよう

に努めていました。完全にクールキャラになっていたつもりです。だから余計に「なぜ私に話す？」という気持ちになります。職場では極力無表情で過ごすよう意識していました。

お昼ご飯だって一人で食べようと決めていました。そうしたら優しいお方が、「お昼ご飯一緒に食べませんか？」と誘ってくださるのです。「あ、ありがとうございます」としか言えず本音を隠して一緒にお昼ご飯を食べる日々が続きます。数か月後「何であのときお昼ご飯に誘ってくれたの？」と聞いたら、「受け入れてくれそうだったから」と返事がありました。ねぇ、私のクールキャラの意味。私のクールキャラの効力ゼロやん。彼女は小休憩中に暴漢に襲われたことを話してくれたこともありました。ここでそんな話して大丈夫？　と思いながら、聞きました。

他には大学生時代、女友達から夜急に電話がかかってきて「今彼氏が来てるんやけど、殴るとか言ってて怖いからちょっと来てくれん？」と呼び出しをくらったことがあります。いや、彼氏おることすら知らんのやけど！　と思いましたが、一大事なのですぐに駆けつけ、家に入ったら本当に男の人がいてビックリしました。喧嘩をしてそういう話になったそうです。男の人は冷静ではあったのですが、某掲示板に晒すやらなんやらも言っていて、私は今日初めて会った彼氏さんを一人で必死に諭しました。完全なる巻き込まれ事故です。話を聞かされるどころじゃないですね。今となってはまぁイイ思い出です。とゆうか、そうしましょう。

あみぃたん元気かなー。その娘はあみぃたんといいます。あみぃたんは全然年代の違う彼氏の同窓会に参加できる強者でした。あと、あみぃたんは爪と字がめちゃくちゃ綺麗でした。あみぃたんの話になっちゃった。

あとは、やっぱり本命母親からもよく聞かされます。この間は「弟の髪の毛が薄くなってきた。見ていたら可哀想で辛い」と電話口で号泣されました。マジです。あとは、兄夫婦とのこと、金銭の話、父のこと、昔は母と叔母との確執について、heavyな話題は私だけよく聞いていました。遠く離れた私に言うんじゃなくて直接本人に言ったらいいんじゃない？　と思うのですが、そういう心は自分の中で極力みないようにしてここまできました。

ネガティブなことや悪口・愚痴は聞いているだけで疲れます。あんまり深刻には書いてはいませんが、人の負の感情を受け止めるのは結構辛い作業です。何より私はそんなの全然求めていません。

いや、でもやっぱり……私が無意識にそういうそぶりを見せているんだろう、と思います。悪いのは私だ。どうしたらいいんだろう。と考えるのだけれど、今のところやっぱり更なるクールキャラの強化しか対策が思い浮かんでいません。

その前髪いつもと違う人に切ってもらったでしょ？
～ＨＳＰは他人の気分に敏感～

〝人が何かで不快な思いをしている時、どうすれば快適になるかすぐに気づく（たとえば電灯の明るさを調節したり、席を替えるなど）〟

アーロン博士のＨＳＰチェックにもある項目です。

これも職場でついやってしまいがちな行動です。人の寒がり度や暑がり度をついつい把握してしまい、無意識にあの人はこの温度じゃ寒いだろうなと思い、気付いたら自ら声をかけたり温度設定の変更をしに動いています。別にやらなくてもいいことなのに、気付いてしまったら動いてしまっています。

ＨＳＰの人は仕事をかかえやすく、人に頼むのが苦手な人が多いといいます。分かる。自分で多くしているだけなんですよね。いつの間にか加湿器の水換えの人になっていたり、自分には関係ない資料を配っていたり、先輩のコピーも先回りして用意していたり、頼まれてもいないのに気付いたら動いてしまって雑用を増やしてしまう。そうしたらいつの間にか、あの人はやってくれる人、という認識になり、上司から、これお願い、と言われすい人になっている。

私の場合は、実際は動きたくないのに、人の気持ちによって動かされてしまうので、自分のキャパシティをすぐに超えることになります。そして、全然動かない人に「なんでだ」という感情を持ち始め、でも何も言えず、結局仕事を抱え込むことになります。

某大手企業で働いていたとき、とても忙しい部署に配属されたことがあるのですが、働き始めて数か月でいつの間にか、大先輩よりも仕事が多くなっていたことがありました。その状況を理不尽だと感じ無理だと思っていても、言われたことはやるしかなく、身体にガタがくるまで押し付けられた仕事をできもしないのにただただこなしていました。上司や先輩に酷い態度で当たられたこともあり、自分がアラサーだったから良かったものの若い頃にヤラレてたら精神1発でダメになってたなぁ、と思うこともありました。その職場は気付いたら契約を大幅に上回る残業時間と連勤日数になっており、ストレスが身体に出てきてしまい、結局また1年以内に辞めてしまっています。ストレスさんありがとう。

ＨＳＰを知った今、自分の働き方を文字にして客観的に見てみたら、率直にいって自分でもバカだと思います。確実に自分の首を自分で絞めている。しかし、当時は、自分は人より劣っているから頑張らなきゃ、と必死でした。何事も一生懸命やることが正義だったと思います。

ちなみにここで「気付く」と大々的に言っていますが、周りの変化に全て完璧に気付けるわけではありません。分かっていないことや見逃していることもいっぱいあります。むしろ、私の場合は不器用で緊張しぃなので、最初は気付かない、うまくいかないことの方が多いです。ただ、日頃から自分より周りに気を取られていることが多いという感じです。実際会って気が利かねーとか思われるのが不安なので、誰に言っているのか分かりませんが、先に言っておきます。

鬱が青春

初めて勤めた会社の社長はドラスティックでした。

店舗で販売の接客業をしていた頃の話です。私は、社会人2年目のとき、〝若い者に店長をどんどんやらせよう！〟という横文字と革新好きな社長の方針のもと、店舗の責任者に当たるチーフに任命されました。その急で無理矢理な人事に当時、ぺーぺーな私はしっかりと人生で一番病みました。長く勤めている人より実力もないのに若いだけで責任者になり、誰も頼れないまま異動。その事実が重くのしかかり、人生で一番大きいストレス症状が出たのもこのときです。

社長はイケイケな2代目で、会議をしていると熱が入ってどんどん前に進み、最後には顔を真っ赤にして部屋の真ん中にいるような情熱的で突発的な人でした。家族経営ということもあって、社長の周りにはイエスマンが多く、なんというか、古き良きワンマン経営の会社でした。社長の思いつきともいえる異動で私が配属された店舗は、

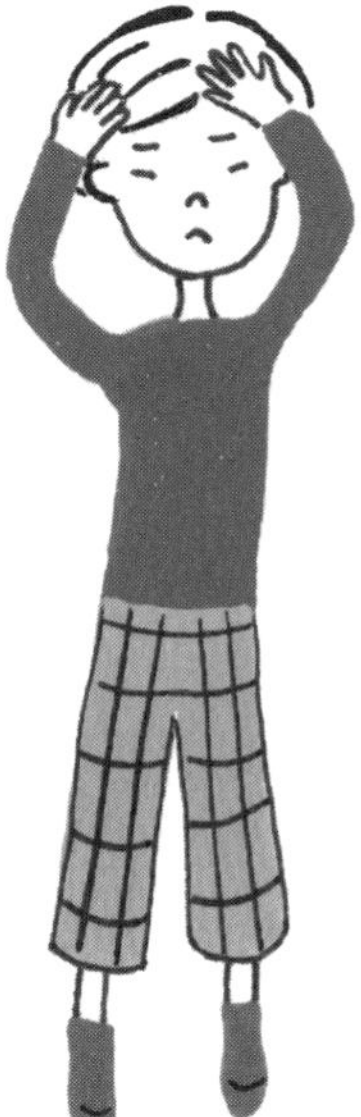

まだ開店して半年しか経っていない、そこそこ都会の、若い女性向けのファッションビルの中にありました。割と立地が良かったのでテナント料も高く、その兼ね合いで店舗自体はとても細長く狭小でした。

スタッフは私を含めて4人。チーフに私、開店からいるスタッフのミナミさんとウノさん、もう一人は主婦のパートのクサノさんです。クサノさんは週に2回程度の時短勤務だったので、よくシフトが一緒だったのは、ミナミさんとウノさんでした。

私以外のスタッフは全員30代で私より経験値が高く、個性が強く、そしてブレない自分を持っていました。ミナミさんとウノさんは更に完璧主義でもあったので、仕事に対して経験不足な私より余程キチッとしており、普段から沢山助けてくださいました。しかし同時に、仕事や考え方等、何か気になることがあれば無視することができない質で、前の店長はその雰囲気と上手く折り合いをつけることができず、半年で辞めていきました。

店舗に配属された当初のことはよく覚えています。

売上は良くなく店に顧客は殆どついていない、スタッフ同士の雰囲気もギリギリのバランスで保っている、そんな状態でした。そんな緊張感とともに働いていたある日、お客様に店内イベントをお知らせするダイレクトメールづくりの仕事が発生しました。

ダイレクトメールは各店舗でつくっていて、デザインも、誰がつくるのかも、各店舗に委ねられていました。前の店長がつくったものはどうやら、ダサい、らしく結局イラストレーターを使えるミナミさんがつくることが多かったみたいです。ただ、イベントは割と頻繁にあり、通常業務に加えてこの作業も発生するとなると、一人だけに負担がかかってしまい、私が配属された月から、ミナミさんはダイレクトメールをつくらない、と言い始めました。私はしょっぱなからめちゃくちゃ焦りました。ダイレクトメールをつくる期限は迫っているし、どうしていこうかスタッフ全員にきいてみても、回答はバラバラ。私がつくればよかったのですが、イラストレーター使えねぇ！　全然できねぇ！　のポンコツ具合で、しょーもないデザインをつくったらダサいと言われる未来が見えている！　もう詰んだ！　状態になり、信頼関係を築けていないスタッフの中、どうしたらいいのか分からず毎日吐きそうになっていました。

この頃は経験不足、知識不足、体力不足、何もできない、能無しな自分を毎日突きつけられ、何の教えもなく店舗を運営していく立場とその責任感に押し潰されそうになりながら、ただひたすらに神経を研ぎ澄ませて、売上という数字と味方がいない人間関係と初めての業務だらけの中、必死に手探りで仕事をしていました。

今考えると、こんなに何もできない自分が店舗責任者でスタッフも可哀想だったと思います。大人になればなるほど、あのときサポートもフォローも沢山してもらっていたなと分かってくることも多いです。スタッフは厳しい方達でしたが、仕事はキチッとしてくださいました。そのおかげで数か月後には顧客がつくようになり、お店も徐々にですが安定してきました。

話を戻して、結局ダイレクトメールをどうしたかというと、とりあえず分業制にしました。加工する前の商品の選定&写真撮りをする人とデザイン加工する人と文章をつくる人の3つに分かれ、私は文章担当、選定と写真撮りはウノさん、デザインはミナミさんと役割を振りました。

つくらないと宣言したミナミさんには「今までのダイレクトメール、すごい良いと思うんです。お客様にもこの店舗のイメージはこれで印象付けられていると思うので、この雰囲気を残したいと思っています。だから加工だけやってもらう事できないですか?」と今までミナミさんがしてきたデザインを活かしてやってもらうようお願いしました。

結果、以後この体制でやってもらうことになったのですが、一部始終どこか人ごととして一連の流れを見ていたウノさんに、このとき言われたことを今も記憶しています。

「染井さんは、折衷案が上手いですね〜」

私は自分は普通だと思っていたので、「そうなんだ」と軽く捉えながらも改めて言われると新鮮な驚きがあったのを覚えています。

HSPは、人とぶつかり合うことが苦手な人も多いと思います。自分の意見を言わないといけないとき、とても緊張しますよね。自分のことをよく思ってない人に対しては尚更です。

このときは毎日とてつもない緊張の中にいました。試されていると感じることが多かったし、何より自分が自分のことを一番責めていた。世の中で自分を含め誰一人として自分のことを大事にする人はおらず、それは事実とは違っていても、自分の認識はそうで、平たくいうと、孤独でした。

そんな日常だったから、休日は一切起き上がれないのが当たり前で、何を食べても美味しくなく、この頃の食生活は基本草（サラダ）と白ワインだけでした。休めない緊張感で風邪も引けなかった。他の人からしたら大したことないことかも知れませんが、自分の人生ではこのときが一番苦しい日々でした。

しかし、前向きに、ではないですが、結果的にめちゃくちゃ頑張れていました。なぜなら、自分の好きな着物を取り扱っていたからです。大好きなものを取り扱っていたから、適当にできずに必死に乗り越えようとしました。仕事に真剣に向き合ったし、全部に悩んだ。

好きなものへの思いは幸運なことにスタッフも共通していて、その思いが私達を繋げてくれていました。三者三様だったけれど、三人とも着物が大好きでした。

青春。青春って自分にないものだと思っていました。しかし、同じ熱量で同じ志をもった者が何かに必死に打ち込んだ様をそう呼んでいいのならば、私はこの店舗で働いていた時期が当てはまります。好きという純粋で澄んだ気持ちと、厳しい現実に翻弄される日々。

もうきっとこの先味わうことのないほどの情熱で仕事に打ち込んだ日々を、主にミナミさんとウノさんの3人で小さな店舗の中で過ごしました。同じ志と熱量で働けたこと、今ならどれだけ貴重なことか理解できます。

鬱で青春な特別な日々でした。

氷柱のような人

ウノさんは無理心中をしました。

ウノさんは、今まで出逢ったことがない、似た人も見たことがない、唯一無二の印象深い人です。ウノさんは、黒髪ロングの目がクリッと大きな、ふっくらとした女性で、声も高く可愛くて、男性が好きそうな女性らしい容姿をしていました。

ウノさんの仕事に対する姿勢は、真面目で完璧主義で、知識を得る努力を怠らず、お客様への対応も優しくて、私はその姿から沢山のことを学びました。社会人として未熟な私にも優しく接してくれ、ウノさんと二人で店舗にいるときは何気ないことも沢山話していました。ウノさんは、私と出会ったときは新婚で、歳下の旦那さんとのとても仲の良いエピソードをきかせてくれ、旦那さんをとっても好きなんだと話をする度に感じていました。

そんな印象と同時に、私はウノさんに、とても冷たい突き刺す印象を持っています。

ウノさんは誰にでも優しい人ではなく、自分の中の美学に、正義に、反する人にはとても冷たく接することができる人でした。例えば〝自分で調べずにすぐ人に聞く人〟。これはウノさんの美学に反するようでした。

おばあちゃんから道を聞かれたら、親切に道を教える、そんな一般的なことをウノさんの旦那さんもしようとしました。でも、ウノさんは教えようとしている旦那さんを途中で「いいから、行こ」と引っ張り、おばあちゃんから引き離す人でした。

その話をウノさんから聞いたときは衝撃が走りました。おばあちゃんから道を聞かれて答えない人がいるんだ。こんな人間みたことない。

外見の柔らかさ＋私に優しく接する態度とのギャップ、そして余りにもそのことを普通に話す様子に妙なインパクトがあり、今でも強烈に覚えています。一応言っておきますが、嫌悪感を抱いたとかそういうことではありません。その特異性にビックリしただけです。

ウノさんは本当にハッキリしていて、嫌いなお客様に対してもその姿勢は同じでした。頻繁にきてくれる年配のお客様がいたのですが、何がキッカケか忘れましたが、ウノさんの正義に反することがあったらしく、いつからかそのお客様が来店しても

「いらっしゃいませ」も言わなくなりました。お客様を無視をする。その概念にビックリしました。本来ならば、店舗責任者の私が注意すべきことなのですが、私はその態度を注意することができませんでした。そのお客様が来店したら、必死に自分が接客にまわることしかできず、稚拙だったと思います。でも、やはりそんなフォローは長くはもたず、ある日お客様がウノさんに対して大爆発してしまいます。営業時間中の店舗内でお客様が「どういうつもりだ」とウノさんに詰め寄りました。お客様の怒りはごもっともで、怒られているウノさんは、言葉では「申し訳ありません」と繰り返していましたが、私には分かります。そんなことひとつも思っていないことが。

なんとか、お客様の怒りは収まり帰られましたが、それ以降そのお客様が来店されることはありませんでした。私は、次の日の休日に直筆で謝罪文を何時間もかけて書きお客様に送付しました。ウノさんは後日その一連の騒動について、「チーフに迷惑がかかると分かったので、以後気をつけたいと思います」と可愛らしい声で言っていました。

誰でも自分の美学を持っていると思います。私もしっかりと持っています。でも、ウノさんほど特異な美学を持っている人は、今まで見たことがありませんでした。今まで見たことがない人、に興味を持つ私としては、ウノさんも例外ではなく、一緒に働いていた頃、興味津々に色んなことを聞いたと思います。

ウノさんは家庭が複雑で、自殺を考えたことがあって、今回が2回目の結婚で、とっても人の心が分かるようで、とてつもなく冷たくて、でもその心の奥底にとてつもない恐怖心を抱え持っていて、表面にはその恐怖心は出てこず、強気な態度として表れる人。私が捉えられたのはそれくらいでした。あぁ、今書いていて思い出した。「チーフは吉田豪さんみたいですね。プロインタビュアーの」と言われたことがあります。それが、吉田豪さんを知るキッカケで、今ではしっかり吉田豪さんをツイッターでフォローしています。

そんな印象深いウノさんですが、特に仲が良かったというわけではありませんでした。ウノさんは心配はしてくれるけど、決して助けてはくれない、他人との線引きが上手な人でした。だから、結果的にビジネスをする上では良い距離感で接することができていたと思います。しかし、約2年間同じ店舗で働いた後、私は心身ともに限界を感じ、会社を退職することになります。

ウノさんとはそれ以降一度も会っていません。

ウノさんが無理心中をした、とミナミさんからニュースのURLとともに連絡が入ったのは、その数年後の春の、当時働いていた会社の昼休みでした。「エッ」と思い切り動揺して、記事と数分程度の動画を食い入るように見れば、一緒にご飯を食べていた人にも「昔の仕事仲間が旦那さんと無理心中した」と助けを求めるように報告したと思います。

強い衝撃でした。悲しいとか悔しいとか、私にとってウノさんはそういう感情を持つ相手ではありませんでした。動揺しながらもどういう感情を持ったらいいのか分からず、ただ、このことを「ずっと覚えておこう」と思ったのは確かです。

事件の内容を少しだけお話すると、旦那さんと無理心中をはかったが、ウノさんだけ亡くなってしまった、というものです。会っていない間にどんな心境の変化があったのか、そこまで思い詰める原因は何だったのか……想像をするも分かるわけもなく、ウノさんの病みは、私には察しきれないほど深く根深かったのだと思うしかありませんでした。私は最後まで、今も、何も、ウノさんについて分かりません。私にとってずっと唯一無二の特異な人になってしまいました。

私はこの数年、決意をした通り、日常で時々このことを思い出していました。頻繁ではないにせよ、ふとしたときにちゃんと思い出せていました。そしてその度に、どんな感情を持ったらいいのか分からず、ただただ、ウノさんがこの世界から自ら命を絶ったという事実だけを結果的に思い出していました。


そして、今から1、2年前。その疑問からふと解消されるときがやってきました。

どこかからの帰り道になんとなくウノさんを思いました。


なんだか死を身近に感じられる。

ウノさんの死は、とても近い。

こういうのは言わない方がいいし、思わない方がいいし、間違った方向だとは分かっていますが、正直にいうと、そのとき私はウノさんの死にどこか勇気をもらっていました。

死ぬことができたんだ。


愛する人のためにこの世から消えることを選んだウノさん。

ウノさんらしい選択。

ウノさんらしい美学。

それでいい。

最後に観に行ったのは確かコナンくん。
～HSPは刺激に敏感～

シンプルに五感が人より刺激に敏感です。

どの感覚が強いかは人によって違うと思いますが、私の場合は五感に関しては他のHSPの人より敏感ではない方だと思っています。共感能力の方が強いタイプです。

しかし、やはりある程度は敏感らしく人の家に行ったときに、TVの音が大きくてビックリしたことがあります。大きすぎてヘビメタに聞こえました。あとは肌に触れる素材は綿が好きで、敏感なせいか肌も荒れやすいです。味覚に関しては、基本的に加工感が強いものをあまり好ましく思いません。カップラーメンや冷凍商品、着色料が強い食べ物、安い薬味チューブ、濃い味の食べ物等身体に悪そうだな、と主観で思ってしまったものは、いつの間にか食べないようになっています。

五感が刺激に敏感、で一番当てはまるなと思うことは、映画館が苦手なことです。映画館に行くことを考えるだけで疲れてしまいます。大きい音と人の密集具合・近さ、シーンとしている緊張感、視覚的にも刺激が強いのでとても疲れやすい場所です。映画館は刺激を浴びにいく場所と言っても過言ではない。

今まで映画館に行ったことはありますし、行こうと思えば行けますが、プラスの感情は得難いらしく、身体が勝手に拒否をしているので、自ら映画館に映画を観に行ったことは一度もありません。世の中の映画興行が盛んだと知ったときは、小さな孤独を覚えました。大半の人が楽しいと思っていることを、自分はそう感じない。ＨＳＰを知る前に「なんでかな、人と違うな」と思っていたことの一つです。

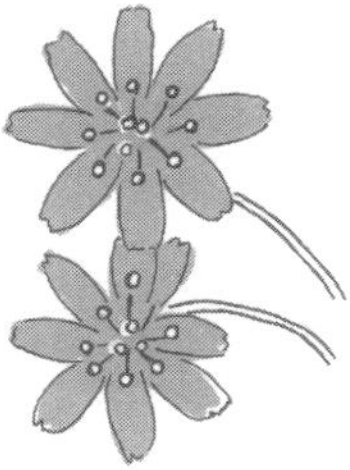

ひち

理不尽を知ったのは、幼稚園の頃でした。

何度も故郷の話をして恐縮ですが、私の出身地はほどよい田舎です。

人口約10万人の中都市で災害が少なく、比較的過ごしやすい気候の穏やかな街です。

私の家は中心街から離れた市の端っこギリギリにあり、当時は歩けばすぐ田んぼがあるような街でした。そんな田舎に生まれたせいか、私の通っていた幼稚園は園児数も少なく、同学年は約10人程。お寺が経営している幼稚園だったので、園長先生は頭がつるつるのお坊さんで、幼稚園の隣にはお寺と墓地が併設されている、そんな平和な幼稚園でした。

一般的に、HSPの人は子供の頃から刺激に敏感だといわれています。もしかしたら幼稚園が苦手だった人が多いかもしれません。

しかし、自分は幼稚園が嫌だったという記憶は特にありません。朝は、園長カップラーメン（あだ名）が、幼稚園から遠い家の園児達を白い乗用車で迎えに来てくれ、それに乗り込む自分を思い出しても、特に嫌悪感は蘇りません。それは園児が少なく、嫌な子がいなかったおかげもあると思います。今考えるととてもラッキーな境遇だったと思います。そんな環境で男女関係なく、皆で仲良く幼稚園時代を送っていました。

私は、家の近くに住んでいた麻美ちゃんと特に仲が良く、よくうちで一緒にお人形さん遊びをしていました。リカちゃん人形の家とリカちゃん人形と麻美ちゃんと私。幼稚園の頃の穏やかな記憶の一部です。麻美ちゃん以外にも男の子みたいに活発なヒロミちゃん、お父さんが警察官の青川、あと、誰だっけ、名前忘れたけど、私より小さかったなんとかちゃんやらと、子供らしく楽しく遊んでいました。ちなみに麻美ちゃんの妹のなおちゃんは、よく野菜を生で丸かじりしていました。下から見上げたアングルの野菜を丸かじりしているなおちゃんを今でも覚えています。そのなおちゃんの姿にカルチャーショックを受けました。なおちゃんはショートカットで……なおちゃんの情報そんなに要らないか。

私は幼稚園の頃、とても大人しかったと思います。友達とも無難に遊んでいましたが、一人で遊ぶのも大好きでした。折り紙、アヤトリ、お人形遊び、自分でいうのもなんですが、手のかからない方の子供だったと思います。母親もそう言ってたと思う、たしか。

そんな幼稚園時代ですが、芋掘りや運動会、お遊戯会などのイベントはこの頃から苦手意識がありました。

ある日、幼稚園の授業参観がありました。保護者が教室の後ろで授業を観る王道パターンのやつです。母親も観にきていました。覚えている授業内容は、〝1〟から〝10〟までの読み方を答えよう！　ってやつです。分かる園児は手を挙げて、先生に当てられた人は黒板に書きに行くという何の捻りもないやつ。

「〝1〟の読み方、分かる人ー？」と先生が言ったかどうかはハッキリ覚えていませんが、「ハイ！　ハイ！　ハイ！　ハーイ！」と私以外の園児が元気よく手を挙げていたのは覚えています。当てられた園児が黒板に答えを書きに行く。

書いた答えをみんなで見て、

「よくできましたー！　パチパチ」とやります。大抵よくできるやつです。

それが順調に繰り返されていき、次は〝7〟の読み方の番になりました。

先生は言います。

「〝7〟の読み方分かる人ー？」

「ハイ！　ハイ！　ハイ！　ハーイ！」と、また私以外の園児は元気よく手を挙げます。私は頑なに手を挙げません。だって、大人しいから。極度の恥ずかしがり屋だから。真の引っ込み思案だから。この日だけじゃなく、私はそれまでの幼稚園生活で一度も自分から手を挙げたことなんてありませんでした。みんなの前で注目を一身に浴びるだなんて考えられません。

すると先生が、「今度は、手を挙げてない子に当ててみようかな〜」と言い出しました。私は「エェェ」と思いましたが、次の瞬間には当てられており、仕方がないからドキドキしながら黒板に書きに行きます。

「ひち」

大勢の人の前で、間違ってしまいました。

私、手を挙げてないのに！

〝7〟以外なら全部合っていたのに！

恥ずかしい思いをしたくないから手を挙げなかったのに。

もう、大変なショックでした。

今でも忘れられないくらいに。

今思えば、なんか上手くいかない人生、このときから始まっていたのかもしれません。タイミングにも、運にも、恵まれないなぁ、と思うことが沢山ありました。それは結局は自分がそういう状況にしているだけなんですけど、幼い頃は勿論、気付いた今でも完全に抜け出せていません。

この実体験を書こうと決め、今も書いていますが、この思い出だけは本当に筆が進まない。何度も書き直しています。上手く書けない。凄い小さいことだし、客観的に読んでいても大したことないのに、思い出すだけでめちゃくちゃローテンションになります。蘇るあの頃のピュアなショック。人生初のショックは早々消えるものではないようです。

ちなみにこの幼稚園は今はもうありません。カソカ！

私は結構飽きています。

まだ本の途中ですが、ここまでお読みいただきまして、ありがとうございます。読むのに疲れていませんか。眼精疲労大丈夫ですか。既にこの本に飽きてませんか。飽きてますよね。分かります。どうか、うまく読み飛ばして楽しく読書を終えてください。

私は今回人生で初めて、本を出版する為に、長期間文字に向き合い、文章を書くことをしています。昔の記憶を手繰り、題材を照らし合わせ、思考を脳の中から連なる文字列のように取り出して、手に伝え打ち込む。今まさに文章を書くことは、楽しくも苦しい作業だと実感している最中です。

過去を振り返りながら作業をしていると、色んな感情が蘇り、泣くことも多いです。どこに泣くとこがあるんだよ、てなもんですが、少しでも動けばいつでも悲しみの渦に入っていく質なので、仕方ありません。

私は集中して執筆作業をするためによくカフェを利用させてもらっています。カフェ定員さんは頻繁に、真顔で目から交互に涙をポツポツ流している女を目撃することにな

り、さぞかし気持ち悪かったと思います。すまんね。あとコーヒー薄いね。

こんなに長期間、書くことを意識して生活することは初めての体験なので、この期間中に自分の知らない新たな一面を知ることができました。

まず、この執筆期間中、書けなくて「ワァー！」てなるやつ、定期的にきています。「ヤバイヤバイヤバイ、カケナイカケナイカケナイ」となり、家にいてもたってもいられなくなって、外に出てカフェに入り、でもやっぱり書けなくて、また違うカフェに入り、それでも書けなくて、ヤバイヤバイとなって、コンビニでタピオカミルクティーとか買ってしまって、家で飲んで、ヤバイヤバイとなって、なぜかスーパー行ってでき合いの安い寿司を買って家で食べたら、スンッと収まるという、そんな体験をしました。それ以降寿司信者です。煮詰まったら寿司食えばいい。

私は、今までも「ワァー！」となった経験があるのですが、このときの傾向として、知らん別人格が出てきやすいということが分かっています。2日間苦手な人と一緒にいた後、ストレスで首回りの肌荒れが熱を持ちはじめ、乱暴でどうしようもない感情に駆られたその直後、なぜかネットでアディダスのスニーカーを購入していました。今までアディダス買ったことなんてないのに。自分の中にスポーティーな人格を発見しました。

他には、初めて婚活パーティーに行った日の深夜には、自分を見失い、これでいいのかと思考が一巡して、勢いで色彩検定のテキストをネットで注文していました。テキストはその後その辺に置いてあります。

そんなこんなで、書くことは思った以上にメンタル勝負であり、特に今回は自分のことを書いていることもあって、情緒が安定していないと書けないものだと知りました。締め切りが近づいてきたら、情緒が乱れ、身体に異変を感じる。文字を書くことを職業にされている方々は、毎回こんな経験をしているのかと思うと、ただただ尊敬するばかりです。

先程も言いましたが、文章を書くとき、私は自分の家が楽園すぎて仕事モードになりにくいので、気持ちを切り替える為にカフェを利用することが多いです。しかし、このカフェ利用もHSPにとってはハードルが高いことかもしれません。新しいカフェを利用したいなと思っても、結局入り易いいつものカフェに行きがちです。カフェ利用は難しい。HSPはそう思う人も多いんじゃないでしょうか。よし、上手くHSPに繋げられたぞ。

どんなハードルがあるか。

ハードルその1、まず入店できない。お洒落なとこ、行ったことない、満席に近い人気店は、入りたいけど入って席がなかったらどうしよう、とか、どういう風に頼むんだろう、とか、人が並んでたら焦るしな、とか、店内狭いから隣りの人と近いだろうな、人多いから単純に落ち着けないだろうな、とか考えてしまって全然入れません。スタート地点で挫折。もの凄い具体的にいうと、スターバックスさんとか苦手です。

ハードルその2、近くの席の人が気になる。入店して頼みました。座りました。そこまでできても、近くに気になる人がいたら、もう終わりです。実際最近も隣りの人のコーヒーをすすり飲む音が気になってしまい退店しています。気になってしまったらもうどうしようもない。他にも、タイピング音と咀嚼音が気になり退店したことがあります。

ハードルその3、店の雰囲気。勇気を出して入っても落ち着けずソワソワしてしまって結果退店パターンもあります。この間入ったカフェは店内に大きめの音量のラジオが流れており、耳から脳が占領され集中できず退店してしまいました。あとは、個人でやっているカフェは店主さんの人となりと動向が気になったりすることも多いので、いつも気がそぞろになります。

そういった感じなので、私の家の周りはちょっと歩けば、お洒落なカフェがたくさんある素敵スポットなのに、土地を活かしきれない隠居生活に留まっています。

そして、結局追い詰められたら、ｃａｆｅとかいってられずに家で執筆作業をすることになります。結局、家。

学生時代夢の国に行くのを断って気まずくなったなぁ。
～ＨＳＰは人混みが苦手～

人混み、ＴＨＥ苦手です。

苦手過ぎて人混みに行くことを考えるだけでしんどくなるので、皆大好き某夢の国も行けません。不思議なことに、夢も希望もない私にできる友人や恋人は、なぜか夢の国が好きな人が多く、そんなに流行っているなら行ってみるか、と前向きに考えるのですが、結局考えるだけでしんどいので行けていません。それどころか、子供の頃からテーマパークに行くとテンションが急降下してしまうので、自分には他の人にあるテーマパークに行くと活性される細胞が備わっていないんだ、と思っていました。テーマパークが流行っているというニュースを見る度に、これも毎回小さな孤独を感じていました。

しかし、人混みが苦手という意識も、ＨＳＰを知ったことで確実に良い方向に向かっていると感じています。

ＨＳＰを知った次の日に、ちょうど繁華街に出かける用事がありました。そのとき、いつもより楽に繁華街を歩けたことを記憶しています。単純ですが、ＨＳＰだから人混み苦手でもしょうがないよな〜、と思うことができました。ちょっとおかしな感覚かもしれませんが、自分がＨＳＰだと知っていることは自分のネタバレをされたような感覚です。もう知っているという安心感があります。しかし、そのときも長時間滞在はできず、身体が勝手に帰っていたので、苦手を克服できた！　とまではいえませんが、心持ちだけでも大分楽になってきています。

外と内

現在、私は故郷を離れてそこそこ都会のビジネス街に近いところに住んでいます。18歳で家を出て以来、ずっとこの、そこそこ都会に住んでいますが、ここで育ったシティボーイやガールと小学校のときの話をすると、高頻度で思うことがあります。

それは「家から小学校までの距離近いなぁ」です。どうでもいいことかも知れませんが、軽いカルチャーショックを受けています。家の裏が小学校だった、とか、小学校まで5分だった、とか。冷静に考えると、小学校自体の数が多いので当たり前かもしれません。

今住んでいるこの地域も、街を少し歩けば、マンション、大企業のビル、小学校、ビル、お洒落カフェみたいな並びで、小学校がしれっと出てくるので、こんなところにこんな並びで小学校が存在するのか、と実家を出て10年以上経つ今でも新鮮に思うことがあります。ついつい自分の小学生の頃と比べてしまい、シティで育つ子たちを、別世界で育っているなぁ、と感じるのです。

私が小学校に入学した頃は身体が小さかったので、ランドセルが歩いているみたいだね、なんて言われながら、毎

日約40分かけて通学していました。梅雨には川から上がってきた大量の小さいカニが車でペチャンコになっている道路を通り、デカいガマガエルを見つけてはビビリ、ときには道端に落ちているヘビの抜け殻を発見して恐怖に陥りながら、近所の子と登校していました。複数の友達と喋りながらの下校は、家が一番遠かった私が必然的に最後の一人になりました。綺麗に揃って咲くコスモスも、風になびく背の高いススキも、それを包むように佇む大きい夕日も遠い記憶として頭の片隅にまだ残っています。名前なんて知らない雑草と毎日戯れ、手を青臭くしながら通学していた時間はなんだか嫌いじゃありませんでした。

毎日の登下校にそれくらいの時間を費やしていたおかげか、幼い頃は頻繁に熱を出していた私も、段々と身体が強くなり、小学校の持久走大会では上位に入ることができ、この時期が私の運動能力のピークになりました。人生の初期にピーク！

小学校生活は、それなりに上手くやっていました。思い返すと、私はどの時代でも友達づくりに困ったことがありません。学校というコミュニティでクラスメイトに対しては、男女とも誰とでも話せていました。特に自分らしいなぁ、と思うのはいつもクラスの一番可愛い子と仲良くなっていたことです。一番可愛い子、あるいは、クラスで目立つ子と仲良くなり、いわゆるカースト上位の方のグループに入ることが多かったと思います。この間、実家に帰った際、自分の部屋に当時流行ったプリクラ手帳があったので、じっくりと見返してみました。よくその顔でそのグループにおれたな！　と思わず自分でツッコみ笑うほど私は一人だけ顔がよくなく、一緒に写っている子達はどの子も当時から垢抜けていてとても可愛い子達ばかりでした。当時は自分が見えていなくて何も考えていませんでした。今なら絶対こんなことできない！

でも、当時を思い出してもその可愛い子達が私のことを、顔面偏差値で見下したり、仲良くしてやってるという素振りを見せたことはなく、よく遊びに誘ってくれていました。優しくていい子達ばかりでした。

そうやって私は学校のコミュニティでは表面上、上手くはやっていましたが、実際は針に糸を通すような感覚で毎日を過ごしていました。タイムマシーンで過去に戻れるとしても絶対に学生生活だけには戻りたくない。学校は休まず通えていましたが、楽しいと思ったことは一度もありませんでした。何があったわけではないのに私は、小学校の高学年の頃には、毎夜自分の部屋で一人、泣くようになっていました。勉強もついていけないわけではなく、友達もいるのに、毎日泣いていました。学校に行きたくない、生まれてきたくなかった、と。

ＨＳＰとＨＳＳを知ってすぐの頃に、小学３・４年生の頃の大したことないのに忘れられない会話がふと頭に浮かんできました。

私は当時から学校に通うことが勿論好きではなく、無自覚ではありましたが、学校に行くことで神経をすり減らしていました。ただ、友人との関係は良好だったので、いつも一緒にいる仲の良い友達も数人いました。

私はいつも笑っていました。自分で思い出しても、友達と一緒にいる私はいつもうるさいくらいにテンションが高く笑っています。

忘れられない会話はいつもの仲良い子との会話ではなく別グループの女子との会話です。

「えー、学校おもしろくな～い」

私は話の流れで何気なく言いました。

「え？　そんなに毎日笑っているのに？」

そう言われた瞬間をしっかりと覚えています。

他人からの見られ方を初めて意識した瞬間です。

私ってそう見られてるんだ。

毎日楽しそうに見えてるんだ。

今考えると当たり前です。毎日笑ってるんだから。

でも、自分は自分の内面しか見えていないので、自分の意識とは逆の楽しそうに取り繕っている外面の自分を、全く把握できていませんでした。自分では気付かずに思っていることとやっていることが全然違っている。こわ。こわ。でも、勝手にやっているし、どうしようもない。

ある程度、他人用の自分をつくる、ことに私は肯定派です。社会に出てから特にその思いは強くなりました。会社でも「お願いだ、自分をつくってくれ！　ここは家じゃねぇ！」と思う場面に何度も遭遇しています。

ただ、あまりにも自分の外面と内面の差が開きすぎたら、自分が崩れてしまう。今はそう感じています。それを若い頃から意識して無理のない程度に差を埋められていたら、また違った人生もあったのかなと今になって思っています。

ミラーニューロンお前なのか！
～ＨＳＰは共感能力が高い～

人生をややこしくさせている部門見事第１位！　共感能力。感情移入。

この気質が自分では特に強いと感じていて、エンパス（強い共感力を持っている人）かもしれないと思っています。

職場で人の気分に左右されるのもこの気質ですが、勿論職場以外でも色々あります。

HSPを知って調べていくうちに、「コレだよ、コレが意味不明だったんだ！」と最大限に思ったことは、「病院に行ったら、お見舞いや付き添いでも気分が悪くなること」です。本当に病院に入ると途端にグッタリします。普通の病院でも苦手なのに特に入院患者がいるような大きい病院では入口からグッタリし始め、力が入らなくなり、涙が出やすい状態になります。子供の頃からなので、不思議に思っていたもののなんでか分かるわけもなく、成人した頃、家族は病院に行っても普通だったので、余りにも自分だけおかしいと思い「もしかしたら霊感があるのかも！」と、病院内をグッタリしながら360度見回したことがあります。勿論、霊はみえませんでした。今でも病院は苦手で、病院で働いている人を尊敬する次第です。

「痛みにとても敏感である」

これも相当です。バカみたいに小さな怪我でもすぐ死ぬって思います。痛いのが恐怖なので、包丁で手を切る程度でも、その後、身体に力が入らなくなり何もする気がおきなくなります。小さな傷口からウイルスが感染し、死んでしまうかもしれないと、とりあえず最悪のパターンを想像します。

痛みに日々怯えているので、「なんか歯が痛い気がする！　虫歯かもしれない！」と歯医者さんに行きレントゲンをとって何もなかったことが過去3回あります。

あとは、胸にチクチクと痛みがある気がしたのでネットで検索し乳ガンかもしれないと思いつめ、その夜眠れないまま寝不足で出社し、退社後すぐに病院で乳ガンかもしれないと伝え検査してもらって、もうオチは分かると思いますが、何でもなかったことがあります。女医さんにエコー検査をされながら「綺麗な乳腺ですよー」と言われました。あと「他に聞きたいことありますか？」と若干面倒くさそうにも言われました。すみません大袈裟野郎なんです。

自分の痛みにも敏感ですが、人の痛みにも敏感です。人の怪我、傷口、病気、手術の話などは聞いていたら一瞬で顔が歪みます。この間、頭に石が当たる映像をたまたま見てしまったときは、私の頭の同じ場所が同じタイミングで、痛くはないのですが、ジーンとする感覚がありました。ジーンというか、シーンと衝撃が広がるというか。伝えるのが難しい。なので、暴力的な映像は勿論、手術映像も絶対目を背けてしまいます。

「悲惨な事件のニュースを見られない」

これもよく聞きます。自分は特に性犯罪や子供に関する残酷なニュースが見られません。文字で読むだけで気分が悪くなるので避けて生きています。

朝の準備をしているとき、ＴＶをつけると各局トップニュースとして残酷な事件を扱っているときがあります。そんなときはザッピングをして結局いつもＮＨＫの『おかあさんといっしょ』の「ブンバ・ボーン！」に行き着き見ています。『おかあさんといっしょ』は子供だけでなく大人も楽しませてくれる最高の番組です。

ＴＶでいうと他にも見られない番組がたくさんあります。漫才のネタ番組・ドッキリ・食リポも苦手です。緊張感があるものは基本見れていません。食リポはなんで？と思うかもしれませんが、コメントを求められるあの一瞬の緊張感が苦手です。スポーツに関しては、格闘技は言わずもがな見れませんし、真夏日の高校野球や寒い日のサッカーなども見るのが苦手です。溢れ出る、適温で過ごさせてあげたいという感情。同じような理由で真夏日のスーツの人を見るのも苦手です。見ているだけで、暑い日にまとわり

つくスーツの感触が蘇ってきます。

そんなこんなで見ることのできる番組は本当に少ない毎日を送っています。だから、ここ数年は自分で好きな所だけを見れるように録画にしています。

「自分軸より他人軸で考える」

これも今までと似たようなものだと思いますが、宅配を何も考えずに自分の気の赴くままに頼むということができません。運んで来てくれる人のことが浮かび、真夏日や短いスパンでの買い物は躊躇してしまいます。早く届いて欲しいのに、急がせたら悪いなと思い、通常配送を選んで、後々後悔して届くまでソワソワしたりします。

ウーバーイーツなんて絶対頼めません。

「道をよく聞かれる」

よく聞かれると思います。街を母と一緒に歩いていたら「あんたはよく道を聞かれるね。振り向いたら聞かれとる」と言われたことがあります。

確かに思い返してみれば、場所柄もあると思いますが、私は自宅近くを歩いていて話しかけられることが多いです。先日、早朝におば様から車道を挟んで大きな声で道を聞かれたときは驚き、二度見してしまいました。しかし、道に詳しいわけではないので、聞かれてもいつも曖昧な答えしか返せません。聞いてくれた方、すみません。

「感情移入して指摘できない」

これは、他のHSPの人に共通するか分かりませんが、話し合いをするときや誤解を解きたいときに、相手の間違いを指摘することがとても苦手です。指摘した後の相手が気まずい思いをするところまで想像して感情移入してしまうため、自分は悪くないことを主張できません。さらに、主張したところでまず人を信用していないので、相手が素直に受け入れるとも思えず、手っ取り早く自分が悪かった、で済ませてしまいます。特にプライドが高い人の間違いの指摘なんて絶対できません。自分は悪くなくてもすぐに謝ってしまいます。会社でもこれをしてしまい、勝手に自滅していくパターンばかりです。正論を言うとか、論破するとかと真反対のところで生活していきます。ただ、最近はプライベートで接する人には、なるべくうまく主張するように心掛けており、これに関しては絶賛成長中でまだまだ伸びしろがあります。

忘れられない風景

走馬灯映像は既に決まっています。

私は、新社会人として約3年半ほど会社に勤めた後、数か月間、天職である無職を満喫していた時期があります。そしてその後、骨董市で働くことになり、友達に〝世捨て人〟と言われるようになります。何でいきなり骨董市。

会社を辞めた後も私は相変わらず着物が大好きでした。着物には高級品から現代的な洗えるものまで、色んな種類がありますが、その中でも、時代を感じることのできるアンティーク着物が好きで、骨董市ではアンティーク着物が安く手に入ることを会社員時代から知っていました。

現状から逃れるために会社を辞め、心身の回復を一番の優先にしていた私は、次の就職先なんて何も考えていない日々を送っていました。しかしある日、着物仲間に

「昨日たまたま通りすがりにアンティーク着物がたくさん並べられているガレージを見つけた！」と教えてもらったのをキッカケに、私はそこに得意の好奇心と、少しの下心を持ってフラフラと行ってみることにしました。

人通りの少ない洗練されてない通りに、そのガレージはありました。仲間が教えてくれたとおり、アンティーク着物が丁寧とはいえない状態で、高い棚に埋まるほど置いてあり、そのガレージの一番奥には白髪染めで黒々と髪の染まったおじさんが一人で机に向かい作業をしていました。

恐々としながら足を踏み入れ、できるだけ明るくおじさんに話しかけて、着物を見せてもらいます。私の大好きなジャンルの着物がそこには山ほどあり、とっても安くて、素晴らしく好ましい空間に、こんなところで働けたら理想だなぁ、なんて思っていたら、タイミングは私の味方をしてくれました。

おじさんは、ちょうどスタッフの子を探していたみたいで、私の職歴を聞いた後、運の良いことに、ここで働かないか、と誘ってくれました。ちょっと狙っていた私は、嬉しかったと同時にやっぱり、という気持ちにもなり、とりあえず冷静になるためにすぐに答えは出さず、名刺とともに一旦持ち帰ることにしました。そして後日、「やります」と伝えその後、大将と二人で骨董市で着物を売る生活を送ります。

骨董市で働く、といっても骨董市は毎日あるものではないので、周辺地域に売りにいくのが月に3、4日、仕入れに1日、商品の整理や値付けなどガレージでの作業に10日ほどです。従って、その頃私は月の半分しか働いていませんでした。

大将は特には自分から何かを教えてくれることはありませんでした。仕入れの選別、商品の値付け、整理は、働いてすぐに任せられ、アンティークならではの価値に戸惑いながらも新鮮な気持ちで商品を扱い、骨董市ならではの人間関係の在り方を掴んでいきました。私は、働くこと自体が大嫌いですが、寒いガレージの中で黙々とアンティーク着物に向き合うその仕事が今までで一番自分に向いていたと思うし、この時間が一生続けばいい、そう思うほど好きでした。

会社員時代、苦手でしかなかった接客も、骨董市ならではの客層が私にはあうらしく、いつでも楽しくお話を聞かせてもらうことができ、通な方や外国の方の深掘りでマニアックな世界観に興味が尽きませんでした。

骨董市での空気感が大好きで、晴れた空になびく江戸縮緬を眺めているときが、私の人生で一番忘れたくない記憶になっています。

夜が明けないうちに起き、現場に着いたら腰痛に耐えながらテントを張り、商品を運び並べ、朝一番の常連さんとのやりとりを終えて、ホッと一息ついて見上げる空と、江戸縮緬の世界以外にこの世でこれほど心を掴まれるものはありません。

人生が終わるとき、もし走馬灯が流れるのであれば、その映像だけずっと流れていて欲しい。

とてもノスタルジックで、他では味わえない雰囲気が好き、異常に好きで、これが本当に好きという感覚なのか分からなくなるくらいでした。その頃その感情は私の核の部分になっていて、私を助けてくれるその好きという感情にはどこか依存も含まれていたように思います。

私が店を継ぐ、大将の年齢もあって、そんな話が働き始めた当初から出ていました。そのためにも自分のできる限りのことは精一杯していましたが、特に思い入れの強いこの仕事も、私は約1年半で辞めることになります。原因はセクハラです。私はあっけなく夢を失いました。そして依存するものがなくなってしまいました。

そんな生活を送っていた私ですが、その間あまり実家へ帰省はしていませんでした。家族との連絡を疎かにしていると、いつの間にか祖母の体調は悪くなっており、老人ホームに入ることになっていて、それを聞いた私はすぐに何かできることはないかと考え、祖母の俳句集をつくろうと、インターネットで自費出版のサイトに申し込むことを決めました。

原稿制作のためにまずは祖母から今までの俳句一覧を貰いました。しかし、意味の不明な慣れない古語をパソコンに打ち込む作業は全く進まず、弟にも相当協力してもらいました。親切ではないサイトの方とのやりとりを乗り越え、やっとでき上がった俳句集は、30部ほど実家に届けてもらうようにしました。

そして、俳句集が母と弟の手によって祖母に届けられると、祖母からはありがとうと伝言をもらい、母からは俳句仲間にも渡すことができて祖母は大変喜んでいた、と教えてもらうと、私はやってよかったなぁ、としみじみと思えました。

そして、その後祖母は残念なことに、どんどん身体が弱くなっていきます。

私が地元に帰り、病院で祖母に会えたときは、管に繋がれほとんど寝たきりの状態でした。祖母は話せる状態ではないけれど、耳と意識はしっかりとしていて、私達兄妹がお見舞いに行った際は、しっかりと認識してくれました。そして、祖母は私を見て、繋がれた管で上手く喋れない中、涙を流しながら何か伝えようとしてくれました。

「あーあー」

私はおばあちゃんが言いたいことがすぐに分かりました。

本、ありがとう。でしょ。

祖母を見ながら、私は涙が出ないように必死で我慢しました。まだ泣いてはいけない気がしたから。だから、言いそびれてしまいました。
「おばあちゃん、伝わってるよ」って。

その後、ほどなくして祖母は亡くなります。私はそれまでの人生で後悔というものをしたことがありませんでした。周りからは頑張っていないと思われても仕方のない人生を送っていますが、精神的には常に全力でもがき、いつだってそれしか選べないという選択をしてきたからです。だから、このときの祖母の気持ちは伝わっていると伝えられなかったこと、それだけが私の人生の唯一の後悔です。

私はここ数年、テレビの影響もあり、俳句に興味を持っています。去年、ふと祖母の俳句は何を詠っていたのだろう、と疑問に思い、解読してやろう！　とすぐさま歳時記を買い、読み解くブログを開設しました。歳時記で季語を見つけ、知らない単語をインターネットさんに聞き、こういうことかな、というレベルまで掘り下げていっています。祖母の優しい人となりを祖母の俳句から追うことができ、なんていい考えなんだ！　素晴らしい！　と自分で思っていますが、今のところブログは7回の更新で止まっています。

ミゾオチにドーン。
～HSPは美術や音楽に深く心を動かされる～

これもよくあります。私は感動をしたら、ミゾオチあたりがヴッと打たれたような感覚に陥ります。次の瞬間、涙が目からポロポロとこぼれているので毎回自分でもビックリします。今風に言うなら涙が秒で出ます。秒で。自分の予期せぬところでも勝手に出るので、百貨店の催しで人間国宝さんが創った食器の作品をたまたま見てミゾオチを打たれ、一人泣いて歩いたこともありました。

大好きな美術品を見たときは恋をしたかのようにドキドキフワフワします。美術品に恋！　とこれも自分で驚きますが、とにかく身体が感動に大きく反応するようになっています。

夏頃、寺口さんにお会いするために上京した帰りの新幹線で寺口さんにもらった本を読んでいたのですが、感動する話だったので、読んですぐ目から交互に涙が出てきて止まらなくなってしまい、急きょ読むのを辞めてしまいました。寺口さんごめんなさい。涙が邪魔で読めません。涙に心が追い抜つかないレベルで、日頃から頻繁に涙を流します。

ショートスリーパーいいよなぁ。
～HSPは疲れやすい～

リアルに日常生活で困っていること見事第1位！　本当に疲れやすいです。いつもクタクタのヘロヘロです。

日頃から勝手に刺激に敏感に反応しまくっている&どこか緊張しているせいか、疲労が抜けずその回復をはかるため、睡眠時間がとてつもなく長くなってしまいます。人生の半分以上は寝ているんじゃないかと思うくらいです。具体的に言うと、職に就いていた頃は、休日はなるべく予定を立てず、誰にも会わずにとにかく寝ることを徹底していました。1日10時間以上は寝ていたい。また、起きていたとしてもベッドから起き上がれないことが多く、何もせず1日が終わることが普通でした。平日は仕事から帰って気を失うように寝てしまい変な時間に起きて睡眠時間が上手くコントロールできないことが多かったです。

ＨＳＰを知らない頃は余りにも体力がなさ過ぎる自分を疑問に思い、身体に異常があるのかと原因を探していました。「ははーん分かった。鉄分が足りてないんだ。女性によくありがちなやつね」と鉄分サプリを飲み始め、その後の血液検査で「鉄分ちょっと基準値より多いですねー」「サプリ止めてください」と先生に言われたり、「なるほど、やっと分かった。甲状腺ホルモンがおかしいんだ。ヤバい早く検査しないと。どうしよう」と焦って検査をしにいき、先生にも甲状腺ホルモンがおかしいかもしれないと伝え、検査結果をみて「異常なし」なんてこともありました。

とにかく、原因不明の疲れやすさに悩まされ、付き合い続けてきました。ＨＳＰは脳が疲れている。それを知ったとき、この疲れやすさはそのせいか！と原因不明から解放されて、それだけで安心できたことを覚えています。脳が疲れているとはどんな感覚かというと、頭の容量が常にいっぱいいっぱいという感じです。インプットと思考することが大好きな上に、ちょっとしたことで刺激を受けるので、頭の中にそれらがどんどん溜め込まれていき、何にもしていなくても、することがなくても、他人からはどれだけ無駄な１日を過ごしているように見えても、私は今までの人生で一度も「暇」と感じたことがありません。というか暇という感覚が分かりません。これも、人と違うな、と感じていたことの一つでした。今考えてみればアウトプットしない限り容量が空くわけもなく、動作がスムーズにいくはずがない。

その特性を知った今、こうやって思考を文字におこしアウトプットすることは、自分を上手く動かす上で大事なことであり、これからの人生で必要なことの一つだと感じています。

＊違います。これはＨＳＰ本です。

「5月最強説」。

私は、5月がこの世界が一番美しくなる月だと思っています。

急にどうした、と思われるかもしれませんが、そういう、自分だけが納得する説を何個か持っています。

「ＨＳＰは深く思考する」といわれていますが、私も答えのない疑問を自分なりの答えが出るまで考え続けることが好きです。それが深く思考することかどうかは微妙なところですが、自分の中で答えが出るまで何年も同じことを考え続けます。

例えば今まで、なっがいこと考えたな〜と思うテーマは、「生きる意味とは」と「人は性善説か性悪説か」です。この二つは、高校時代から考え始めました。「性善説か性悪説か」は高校の倫理の授業でこの言葉を知ってから考え始めました。このテーマについて考えるといっても、この説を唱えた孟子や荀子を掘り下げて勉強して研究して……ということではありません。勉強してないんかい！　という感じですが、とにかく、性善説と性悪説という言葉に衝撃を受けて、「人は性善説と性悪説、どっちなのだろう」と一人で延々と悩んでいました。

もう一つの「生きる意味とは」を考えてしまうことは、HSPにありがちな筆頭かもしれません。HSPの人は、生き辛いと感じがちだし、その後は何で生まれてきた！　となりがちだし、で、生きる意味を見出だしがちだし、それは仕方ないことがちだし。いや、この疑問に関してはHSP以外の老若男女も考えたことありがちに違いないし、俗にいう厨二病感もありがちだし、がち言いたいだけだし。

私もしっかり他の人に負けず劣らず典型的にその疑問にぶち当たり考えたことがあります。

その答えを、今回言うつもりはないんですが、（ないんかい！）（今回は5月最強説を伝えたいからね）自分の納得できる答えが出るときって、ホントに〝ハッ！〟ってなるんですよね。降ってくるというか頭の中に答えがパッと咲くというか。シャワーを浴びているときとか寝る前とかに特に降りがちで、そして、〝ソレダ！〟となりがちです。

何回かそれを経験してきて思うのは、あの瞬間たまらねぇよな！　ということ。「生きる意味とは」の答えが出たのは20代後半だったと記憶しています。26か27だったかなぁ、もっと後だったか。まぁ、10年くらいは考え続けていました。

同じ時期くらいに「人は性善説か性悪説か」の答えも出て、今回、その答えは言わないのですが（別に聞きたきゃねぇよ）、その長年の二つの疑問が解消された頃から、徐々に生きることに対してどこか受け入れられるようになってきたと感じています。というか、20代前半はとっても鬱だったので、やっと普通の暗い人になったくらいです。

その鬱々とした時期を抜けて気付いたのは、5月はめちゃ綺麗！　5月は美しい！　5月はキラキラしとる！　5月は泣ける！　5月は鬱を抜ける手助けをしてくれるといっても過言ではない！　です。

5月の何がいいかって、まず、時期。時期最高。日照時間が少ない寒いときを経て光が多くなる頃。必然的に過ごしやすい気温の日が多くなる。冬が終わり、桜の時期を抜けて、新緑が芽生え、優しい緑たちが陽の光に照らされ、その木漏れ日も風も風によってなびく葉のざわめきさえも、全てがキラキラして、この世はなんて美しいんだと泣けてくるほどきらめく世界。

街路樹を見上げれば、柔らかく生命力にあふれた緑が透けていて、その先には、輝く眩しい光と澄んだ水色の空。自分の心が淀んでいればいるほど、それに対比したその美しさに圧倒される。何度5月の緑と光と空を体感しても毎回新鮮に驚くほどに美しい。人生であと何回5月を体験できるのかと思ってしまうほどに。

つまらないことをツラツラ書いてごめんなさい。こわいですよね。でも5月の素晴らしさに気付いたここ数年は5月が好きって気持ちが止められません。でも私以外誰もこんなことを詠っていません。
こういう他人にとってどうでもいい持論を何個か持ちあわせていて、他に、「2歳

最強説」「運命は結果論」などがあります。字面だけで分かると思いますが、特に素晴らしい考え方とか天才的な発見とか斬新な角度の見方とかは全くなく、こうやって文字にしてみたらすげぇ浅い考えをよくこんなに堂々と書けたもんだなぁ、と自分でも思うのですが。あのとき必死に考えた上での持論なので、とても楽しいし愛しいものです。

ちなみにこんなくだらないことを近しい人以外に話すことはできないので、私の恋人はこういうことを定期的に聞かされることになります。しかも結構なハイテンションで。

というかむしろ、こういう話を聴いてくれる人としか今までお付き合いをしたことはないです。カワイソウ。この5月最強説も結構なハイテンションで話したことがあります。重ねてカワイソウ。

でも、本当にこれだけは伝えたいんです。

5月はマジで最高だから！

引きこもりがちな私ですが、綺麗な世界をできるだけ多く見るために、5月だけは外に出るようにしています。

もし、まだ鬱々とした思いを抱えている人が、これを読んでいる人の中にいるのであれば、是非5月に助けてもらってほしい。

5月は最高だ。
5月はあなたを絶対拒みはしない。
5月は希望であり、希望とは5月である。
5月の良さを知って欲しい。
5月の良さをあなたに届けたい！
5月の良さをできるだけ多くの人に！
そう、その思いで今回私はこの本を書いたのだから。

浮かれたい。
～HSPは常に最悪のパターンを考える②～

何回か出てきていますが、何をするにしてもまず最悪のパターンを考えます。具体的にいうと、恋愛では付き合う前に、別れることを考えてしまいます。それだけでなく、将来のあることないこと何パターンも考えて、何があってもダメージを最小にできるように心に保険をかけてしまいます。これもわりと普通のことだと思っていたのですが、付き合った当初に話をしていた女の先輩に「今一番浮かれるときじゃん、おかしいよ」と言われ、そうなんだと思いました。

あとは、地震がきたときなんか最悪です。揺れを感じた瞬間に住んでいるマンションや街が潰れるイメージが頭の中を瞬時に駆け巡り、恐怖で嘔吐いてしまいます。

今も初めて経験することや日常生活のちょっとしたトラブルでも、基本的にまず悪いことを思い浮かべるので、恐怖に襲われ、よく一人で吐きそうになっています。

HSPを知る前は何をするにも不安で心配症が酷かったのですが、最近は恐怖に襲われた後に心を持ち直せるようになってきました。

「HSPの文章は、改行多めの絵文字少なめ」

どうでもいい情報かもしれませんが、これもよくあることだと思うので、記しておきます。

私は日頃からツイッターランドの住人で、そこでHSPやHSSの言葉をプロフィールに書いてある方を200人近くフォローしているのですが、その方達の文章を見ていると、刺激を無意識に避ける傾向にあるのか、絵文字を避け、改行をよく使い、字だけで伝わるように読みやすくしている方が多いように思います。

ふと、自分はどうなんだ？　と思ったら、自分も同じでした。

ここからはHSPが関係しているかもしれないけどあまり言われていない、私だけの感覚を紹介したいと思います。

「住宅地が苦手」

今自分が住んでいるところは割りと都会のビジネス街に近いところです。関係が希薄な街の方が性にあっているらしく、隣りの人も何回か見たことがある程度の付き合いが、住んでいて気が楽だと分かっています。田舎育ちなせいか水や自然は好きですが、それよりも人と人との関係性が密な場所を避けることを優先してしまいます。

「生きているものと同じ空間にいるのが苦手」

もうここまでくると、大丈夫？　と思われるかもしれませんが、人と同じ空間にいること自体があまり得意ではありません。生きているものと表現したのは、犬や猫の動物なども含まれるからです。そこに自分以外の生命体がいると無意識に気になってしまい、完全なリラックス状態になれません。

私は今一人暮らしをしているので、この気質のせいで困ることは特にありませんが、旅行に行くとホテルに泊まらなければいけないので、しんどいなと感じることが多いです。一室の中で近い距離にずっと人がいる状態が苦手なので、好きな人でも別々の部屋に泊まりたいな、と思ってしまい、自分は冷たい人間だな、と感じていました。

人と一緒にTVや映画を見るという行為も、できれば避けたい行為です。誰かといると集中して見れない。これも普通にできている人が羨ましく、私はなんでダメなのかな人と違うな、と感じていたことでした。

そんな自分ですが、この世に一人だけ同じ空間にいても気にならない人がいます。それは小学校からの付き合いのある親友です。同じ空間でも違和感なくいられる有難い存在です。

「心の声が聞こえる」

コワイコワイ。急にスピリチュアル。

これはもしかしたら普通のことなのかもしれませんが、小さい頃から人と接すると「この人、心の声が大きい人だなぁ」というような感覚を持って生きてきました。当たり前の感覚を堂々と書いていたら恥ずかしいのですが、今でもその感覚を頼りに生きています。

普段から近くにいる人には、なるべく心の声が聞こえにくい人を無意識に選んでいます。その方が楽だからです。人生で一番の大恋愛をした人は、心の声がとても大きい人で、ずっと助けてと叫んでいたといっても過言ではなく、それを無視できませんでした。逆に心の声が全く聞こえない人も印象に残ります。全く聞こえないけどどーなってんだ？　と不思議に感じ、観察対象になります。

これは自分の中にある感覚の話だから、その人の実際の心をズバリ読み当ててるとかでは決してないと思います。ただ、昔から心の声という概念が自分の中に存在するので、折角だから書き記したいと思います。多分多かれ少なかれ皆持っている感覚だと思います。

「みえる」

これも皆あることなのかもしれませんが、折角だから勇気を出して、書き記しときます。

ＨＳＰを調べているうちに、未来予知がある、と自分の気質を書いている人を見かけました。それに当てはまるかは分かりませんが、私も時々、頭の中に未来の画がみえることがあります。断片的な画のときもあれば、映像でみえることもあります。

具体的に最近みえたのは、本を書こうと決めたときです。頭の中に、会社の食堂で課長二人に、「今度本を出すんですよ～中山課長も地震の本出したらいいのに」と話している自分がみえました（課長は地震に詳しい人です）。

2月の時点でみえていたので、私は本の構想をしながら、きっと本を出せるのだろうと、どこかみえたものを信じていました。会社を辞めると決めてからは、「会社にいられるのはあと残り僅かなのに食堂に課長達と集まることがあるのかな」とみえたものを後追いしている感じです。

そして、実際みえたものが当たっていたかというと、半分くらい当たっていました。場所は食堂ではなく、会社の玄関先で、課長二人ではなく山中課長だけでした。会話はみえたもの通りにしました。なので、まぁ何ともいえない結果ですが、普段は課長と話す機会なんて滅多にない日常で、その機会は偶然訪れたものだったということと実際本のお話を進めていたことを考えれば、自分が無理矢理つくった状況とはいえない、とは思っています。

私はこのみえるという概念も昔からあります。しかし、自分の感覚は普通だと思っていたので、今まで特別気にしたことはありませんでした。みえることを意識してこなかった生活なので、今までみえたものが全部正確に当たっていたかといわれると覚えていないのですが、一回外したことだけはしっかりと覚えています。多分それ以外は覚えてないので、なんとなく当たってきていると思います。

ここからは自分の推測ですが、結局未来予知というよりは、未来予想をしているだけだと思っています。こうなるだろうなと自分で意識的に思う段階を全てすっとばして、最終的な未来の画だけをみせられるので、未来予知的に感じてしまう。そんなところだと思っているのですが、これも普通の感覚でしょうか。なんだか当たり前のことを言っていたらとっても恥ずかしいぞ。

他にも、興味があるなと思う人に出会って、この人と仲良くしたいなと私はそのとき思っていても、その瞬間、「アレ、でも数年後この人と一緒にいないな」という感覚がみえたこともあります。自分の意識外のところから、私にみせてくるものがあるので、それを本当かなー、と思いながら過ごす生活です。

あの人もＨＳＰ

ＨＳＰを知ってから、今まで出会った人を振り返ってみると、あの人ＨＳＰだったかも、と思い付く人が二人います。

一人は事務職2社目の仕事のチームリーダーをしていたTさんで、今まで出会った人の中で一番人柄が好きだといってもいいくらい、温和で優しくて頭も良い歳上の女性でした。

何故TさんがHSPだと思ったかというと、怪我の話になった途端Tさんの顔が「うわぁ」と歪んだからです。女性は怪我や痛みに強いイメージがあり、自分と同じくらいダメな人は珍しいなと思ったので覚えていました。Tさんは優しすぎるが故にストレスをずっと抱えていて、耳鳴りが1年半以上止まないと薬を飲んでいたことも覚えています。

私が仕事を辞めるとき、Tさんは「そっか辛かったねぇ」という言葉とともに泣いてくれました。Tさんはチームリーダーなので、人員が少ない中で人が辞めることは、迷惑だと感じてもいいはずなのに、私の気持ちを優先してくれ、寄り添ってくれました。その優しさに驚いた私は、そのとき連絡先を聞き、辞めた後も年に数回連絡をとるようにしていました。Tさんは私にとって、心配で気になる存在でした。

Tさんは完全に内向型（スイスの心理学者のユングによる性格タイプの一つ。エネルギーが自己の内面に向いている。⇅外向型）の人間だったと思います。

苦しんでいるならどうにか力になりたいと、直接会って話をしてみたりもしましたが、聞けば本音を話してくれるものの、自分の内面を人に話すこと自体をそんなに求めていない印象を受けたので、それ以上踏み込まないようにしました。その感覚も分かるからです。求められなければただの面倒な存在でしかない。また私は、社交的にも見えるタイプなので、内向型の人には同じタイプに思ってもらいづらいなということも感じました。

Tさんとはその後連絡をとっていません。

あのときHSPを知っていれば、「TさんはHSPかもしれないよ」と教えてあげられたのになぁ、と今となっては思っています。

もう一人は、別会社の違う部署にいた4歳年上の女性I氏です。お昼ご飯をたまたま一緒に食べることになった人でした。

I氏の第一印象はとても柔らかい清楚な雰囲気で、この人のことを悪く言う人は誰もいないだろうな、と感じさせる人でした。ただ知れば知るほど、I氏に対する印象は「同じ孤独を持っている」に変わり、自然と気になる存在になりました。孤独が滲み出ている。少し話を聞くとI氏も家族との問題を抱えていて、優しいI氏はそれから逃れられない状況でした。I氏とは違う部署ということもあり、日頃からそれほど接点は多い方ではありませんでしたが、I氏が一人暮らしをしようか迷っていると小耳に挟んだときは、特別仲が良いわけじゃないし出しゃばるのもなぁと迷ったけれど、勇気を出して、「物件探し、必要ならついていくよ」と声をかけることにしました。Ｉ氏は「ありがとう。物件探し分からんからどうしようかと思ってた」と返事をしてくれ、私はホッとしたことを覚えています。

その後も何か協力できることがあればと、私からカフェに誘い、Ｉ氏について話を聞いていました。そこで聞いた話は、今思えばＨＳＰの特徴そのものでした。

Ｉ氏は常日頃から「あのときの言葉大丈夫だったかなぁ」とか「何であぁ言ったんだろう」と一人部屋で延々と考え続けてしまうと教えてくれました。Ｉ氏も完全に内向型の人間だったと思います。どこか自分のことを話すのが苦手そうで、話した後、吐き出すこと自体がストレスになってそうだなぁ、と感じたのでそれ以降深入りはしませんでした。

その後Ｉ氏は私より先に職場を離れたので、今はどうしているのか分かりません。

私はここ数年利害関係なしに、会社の人と自分から積極的にコミュニケーションをとることは、ほとんどありませんでした。会社の人とはできるだけプライベートで会わないという、自分ルールを決めていたくらいです。ある会社でグループＬＩＮＥに入れられそうになったときには「ＬＩＮＥ名がおかしくて恥ずかしいから、ちょっと……」といって回避し、「ＬＩＮＥ名がおかしいからって……」という不穏な空気にも耐えたくらい、なるべく会社の人と仲良くならないように努めていました。そんな中で、自分から気にかけた稀な二人がＨＳＰだったかもしれないと気づいたとき、どこか腑に落ちる感覚がありました。

ＨＳＰを知っていればそれだけで生きづらさが解消する。そんなことはないと思っています。でも、考え方や物事の捉え方の変化のキッカケにはなるんじゃないかなと思い、自分の特徴を客観的に分析するためにも、ＨＳＰだと知ることは大事なことだと思っています。ただ、人にＨＳＰを伝える際には細心の注意が必要だとも思っています。とてもデリケートでパーソナルな部分に触れることになるので、むやみやたらと伝えるのではなく、相手の状況に応じた配慮が必要だと思っています。福永さんも私にＨＳＰを伝える際はたくさん気遣ってくださいました。

最近私はＨＳＰを気にかけすぎて、芸能人や出会った人に対しても、ＨＳＰかＨＳＳかそうじゃないかという観点で見る癖がついてしまっています。

たまにはええ話

御祝儀は10万円渡したいほどです。

私には幸運にも、幼稚園時代から付き合いのある、親友と呼べる友人がいます。親友といっても、住んでいる地域が離れているので、年に数回、何かあったときだけ連絡をとるような心地よい距離感の関係です。私が本を出すことを知っている人は、現状彼女だけです。

親友は私の人格形成に大きく影響を及ぼしてくれた人です。正義感が強く頭がよくて、美人で細くて、運動神経もよくて、ませてておしゃれで、リーダーシップがあって、小さい頃から自慢の友達でした。

彼女とは、小中学校と同じクラスになったことはないのですが、彼女が同じ学校にいるという事実だけで、私の心の支えになってくれていたんだと今になって分かっています。なぜなら、彼女と別の高校に通うことになって、私は一段と暗い生活を送ることになったからです。

私は家から近い地元の進学校に通っていました。その高校を受験した理由は特になく、強いていえば、親が希望していたから、です。目標もなく、ただ毎日を嫌々過ごしていたその当時の私は、勉強をする気力なんて全くありませんでした。将来の希望もないので、試験勉強は一夜漬けで切り抜け、良い点数を取ろうと努力したことはありません。問題の出方を予想し、平均点を取れるだけの勉強しかせず、そして本当に真ん中くらいの成績を取っていました。高校卒業後の進路も、特に夢などなかった私は親の意見通りに大学に進学することにします。そんなんだから、受験勉強も周りが本格的にやり始めても本気になれず、結果、本命の大学に落ちて滑り止めの大学にいくことになります。贅沢な考えですが、大学はどこでもよかったので、両親から了解を得られる実家からできるだけ遠くの学生数が多い大学に決めました。

大学進学へ向けて周りが受験勉強一色になった高校3年生の頃、周りの雰囲気と家の雰囲気もあってか、私は無気力でノイローゼ気味になっていました。そんな憂鬱な日々を送っていた頃も親友とは時々会っていましたが、私と親友は特に悩みなどを話す間柄でもなく、趣味の話や近況報告で、いつもと変わらず接していました。

親友は、当時、耳の軟骨にまでたくさんピアスを開けていて、私はそれに影響されたのか夏休みにふと、ピアスを開けようと思い立ちます。思い立って数日後には親友にピアッサーで開けてもらいました。

ピアスを開けることは、校則違反であり、その上、親に黙ってしたことでした。私はそれまでの人生で自分の意思で何かをすることがありませんでした。

大袈裟かもしれませんが、ピアスを開けるという行為が、私が人生で初めて、親の意思にそぐわないと分かっていながらした行為、だと思います。だから、多分こんなにも覚えている。

そのピアス穴は、今はもう金属アレルギーによって閉じてしまいましたが、痛いのが大っ嫌いな私がピアスに挑戦できたのは、良くも悪くもノイローゼのおかげだと思っています。

大学進学後、親友とは物理的な距離ができてしまいます。私はそのまましばらく将来の展望もない宙ぶらりんの生活をしていましたが、それではダメだと心のどこかで感じ、現状を打破する方法を模索し始めました。

とりあえず親に一刻も早く就職内定を知らせたいと思い就職活動を始め、大学3年生の早い時期に、自分の将来を精一杯考えて決めた企業に、無事内定をもらいます。

自分の意思で決めた道ということもあって、就職後も精一杯勤めてはいたのですが、社会とは厳しいもので、へなちょこな私はその後あっけなく病んでいきます。

私はいつしか、時々くれる親友のメールにさえ返信しない状態になっていました。思考は悪循環するもので、1回返信が遅くなると、「今更返せない」と罪悪感が募り、「自分はなんて最悪なんだ。もう嫌われているはず」と思い込み、「関係は終わった」とどこか諦めていました。それから親友とは3、4年の音信不通の期間ができます。仕事を辞めて気持ちが落ち着いた頃もう親友との関係は終わったと思っていた私に、彼女はタイミングよく連絡をくれました。

「染井元気にしてる?」

そんな感じのメールだったと思います。親友はいつも何気ないメールを送ってくれていました。

私はメールを返すかどうか迷いました。

今は精神的に返せる状態だけど、こんな不躾なやつが今更返していいのか、どのツラ下げて返すんだ。だけど、ここを逃したら本当に最後だと思い、意を決して返すことに決めます。連絡を怠った謝罪と自分の現状を伝えると、親友はすぐに電話をくれました。

そして親友は、

「良かった。もう染井とは関係が終わるんかと思った」

と言って、泣いてくれたのです。

あのときのことは忘れられません。

私にも泣いてくれる人がいるんだ。

驚きました。

親友は、誰も信用しないことが当たり前だった私に、人は信用できるものだと教えてくれました。

電話を切った後も、ときが経てば経つほど、親友が泣いてくれた事実がじんわりと心の中に沁み入って、親友に何かあったときには今度は私が助けなきゃ、という強い決意に変わっていきました。

今も世の中で信用できるのは親友のトモエちゃんだけです。トモエちゃんがこの世界にいてくれて良かった！　まだ私は、今のところトモエちゃんに恩返しできていないので、これから頑張りたいと思っています。小学生みたいな決意になっちゃった。

あれは、中学生の頃だったか、両親も寝静まった夜中に親友が自転車でうちにきたことがあります。私は2階の自分の部屋からそれを確認すると、家をこっそり抜け出して、二人で自転車を漕ぎ、私の家の近くで、海と月を見つめながら、なんとなく会話をしました。

「染井とは大人になってもこの関係は変わらん気がする」

人生で一番覚えていて良かったと思う言葉です。

あなたのおかげで有言実行になりました。

ありのままの自分問題

ここまでしがない女のHSP話と突然の小エッセイをお読みいただきましてありがとうございました。あと少しだけお付き合いください。

私は今日でHSPを知って約5か月が経ちます。

HSPを知った当初は戸惑い動揺しました。そのせいで身体が疲れてしまったのか、HSPを知って数日後に1日中寝ている日が3日ほど続きました。HSPを知った後、身体に反応が出ることは珍しくないそうです。

HSPを知った日から今日まで、HSPについて自分なりに調べてきました。

その中でよく目にする言葉がありました。

それは「ありのままの自分」です。

ありのままの自分を受け入れる。

ありのままの自分を認めてあげる。

ありのままの自分……

ありのままの自分……

ありのままの自分とは。


自分で認識しているありのままの自分とは、誰も必要とせず一人が気楽なただの社会不適合者です。

働きたくないし。

何かをしようとする気力も薄い。

努力も嫌いです。

自分勝手で我がままで愛情の薄い人間。

事実、この5か月間でプライベートで会ったのは一人だけで、あとは全部一人で過ごしています。

外に出るのも散歩と買い物くらい。

それでも、寂しさも暇も全く感じない。


それがありのままの自分だとしたら、本当にそれを認めていいのか。

それが人間の正しい在り方なのか。

私は人間的に欠陥があるんじゃないか。

それではダメだと感じていたから、私は今まで必死に自分を取り繕い、つくりあげてきました。

社会になるべく適応できるように、普通に馴染むように。

ありのままでいいというのなら、今まで積み上げてきたものは一体何だったんだ。

どこか歯痒い気持ちで、私は一旦何も考えられなくなります。

そしてゼロになる。

そして、私は今の自分を築きあげてきた思想が本当に正しいのか疑うようになりました。

世間様に評価される立派な社会人になる。

早く結婚して両親を安心させてあげたい。

子供も早く産まないといけない。

実家にも定期的に帰らないといけない。

老後のこともきちんと考えないといけない。

人は支えあって生きるべきだ。

人としてまともなこの思考に、私はこだわってきました。

今でもそれができれば、一番いいと思っています。

でも、今の自分は、そこに本音はない、ということに気付いてしまっています。

誰かの希望が、よくある普通の幸せが、いつしか私の思想になり、理想の自分をつくり上げていました。

それに気付いてしまったら、もう元には戻れず、私が本当に望んでいることはなんだろう、と少しの虚無感とともに立ち止まります。

HSPを知ったことで、今までの概念が全て覆され、32歳にして、私は一旦ゼロになります。

≪今≫

2019年の12月、誕生日を迎えて33歳になりました。

今、私はとても新鮮な気持ちで生きています。

ここ1か月の変化でしかありませんが、生まれてはじめて、生きているだけで付き纏われてきた恐怖心から逃れられています。

これが続くかどうかは分かりませんが、今までで一番図太く落ち着いて、今と自分を楽しめています。

本の冒頭に自己肯定感をあげるメソッドなんてないよと言いましたが、ＨＳＰを知って2か月後に勝手にやっていたことがあります。

それは自分を否定しそうになったら、「でも、逆にそれも有り」と心の中で呟くことです。

私「あぁ今日も何もしなかったなぁ」
私「でも、それも逆に有り」
私「ご飯また適当だよ。ホント炊事能力低いな」
私「でも、それも逆に有り」

なんかふざけてるみたいですが、どんな私でも全肯定してくれます。私が。0円でできる染井式メソッド。

これが自己肯定感を高めることに繋がっているかは分かりませんが、小さなことなら、誰にも迷惑かけていないしいいかな、と無駄に落ち込むことは避けられるようになりました。

自分の異質さを徐々に受け入れられてきて、やっと自分に芯が通ってきた感覚です。

33年生きてきてやっとです。長かった。

喉から手が出るほど欲しかった自己肯定感に、今少しだけですが触れられた気がしています。

ずっと、〝普通〟に執着してきました。

小さい頃から、普通の答えを探していました。

でももう、それは辞めて、欲しいものも嫌なことも誰の意にも沿わずに、自分の素直な欲求通りでいい。それは大半の人と違うかもしれないけど、それでいい。

そんな頭では解っていた当たり前のことをやっと実践でき始めています。

全てのことに怯えるより今と自分を楽しむ。

そう思えてきたときから、長年死んでいた様々なプラスの感情が復活してきました。

何かを欲しいと感じる気持ち、楽しいと思う心、自分を大切にする気持ち。

人生を楽しむ準備ができ始めています。

ＨＳＰを知った。

自分を認めることができた。

だからといって、すぐに社会に馴染める人間になっているわけじゃないことは分かっています。実際、現状は何も変わっていません。今でも見ることのできるＴＶは限られているし、人と関わると気持ちを持っていかれそうになります。この本づくりも本当は不安でしかありません。

でも、今まではその後の対処法が違ってきています。

不安だ。こわい。吐きそう。そう思ったとしても、それは仕方がない、とその後に客観的に自分のフォローをしてあげられるようになり、気持ちを楽に逃してあげる術を覚えました。

そして、少しくらいいいか、と今までの自分にはできなかった、気楽に考えることもでき始めています。

私はきっとこれからも人との関わりには億劫だと思います。

傍から見れば、孤独な社会不適合者で、人が羨む幸せは何も持っていない。

一生孤独かもしれない。

でも今は、そんな孤独も愛しています。

また仕事を始めれば、きっと上手くいかず悩むことも多いと思います。仕事もまたすぐ辞めるかもしれないし、もしかしたら、この先恥も外聞もなく親に頼っているかもしれない。もしかしたら、やっぱりダメだと自らこの世にいない選択をしているかもしれない。

ＨＳＰを知る前はそんな未来に震えていたけれど、今はそんな未来の自分も楽しみです。

どうなってんだろ。

どーせろくでもないけど、ろくでもなさを楽しみたい。そんな心境になっていることが嬉しいです。


ＨＳＰを知って、私は確実に心に変化が起きました。

自分にしか見えない変化だけど、とりあえずなんかよかった！

ＨＳＰは自分で自覚することが何より大事だと思います。

そうしたら、自分を楽しめる一歩を踏み出せる。

だから、まだＨＳＰを知らずに苦しんでいる人がいるのであれば、ＨＳＰを知ったら楽になる部分も多いよと伝えたい。

世の中の人ーー！

もっとＨＳＰを知ろうよ！

そしたらなんかいいよ！


うまいことも言えず、格好いいことも言えず、こんな最後で申し訳ないですが、どうか一人でも多くの人がＨＳＰを知り、少しでも楽に生きられますように。
そう願ってこの本を終えたいと思います。

読みにくいところも多々あったと思いますが、ここまで読んでいただき、
本当にありがとうございました！
お疲れ様でした！

あとがき

あとがきだ。あとがきといえば感謝の意を表明する場なので、私も例に漏れず感謝の意を述べたいと思います。

まずはじめに、福永さん。私みたいな素人に本を出版するという貴重な機会をいただきましてありがとうございました。福永さんが私の未熟な文章からHSPを疑い、声をかけてくださらなければ、私は一生HSPを知らずに生きていたかもしれないと思うと、HSPを知って心の底から救われたと思っている今、福永さんのことを人生の恩人のように感じております。また、普段のやりとりの中でも常にお心遣いいただき、そのあたたかい人柄に何度も助けられました。福永さんと出会えたことは人生で何度もない大変幸運なことだと感じております。心から感謝申し上げます。本当にありがとうございました。

そして、両親。両親にはまず謝罪したいと思います。本当にごめんなさい。苦労して育てた娘に言われたくない言葉を私は今回沢山書いてしまいました。一生この本を隠し、生きていく覚悟はできています。今まで育ててくれてありがとうございました。いつか直接、心からの言葉を自分で届けにいきたいと思っています。

そして最後に、この本の制作に携ってくださった全ての皆様へ。思えば私は、自分名義の作品をこんな風に多くの方のお力添えをいただきつくり上げるという体験は、人生で初めてのことでした。皆様にとっては一つの仕事でしかないとは思いますが、一人の女はいたく感動しております。不慣れなゆえ、ご迷惑をおかけしたことも多々あったと思いますが、皆様のおかげで無事形にすることができました。本当にありがとうございました。

感謝の意はこれくらいにして、急に小話を始めますが、2019年の12月の半ば、本編の原稿を提出した後、私は左の肋骨の奥あたりに違和感を感じました。まぁ痛くはないから少し様子をみてみよう、すぐ死ぬことはないだろう、もうHSPのカラクリ知ってるんだゾ、と成長した私は暫く肋骨部分の違和感を放置していました。しかし、年が明けても違和感はなくならず、次第に、ヤベェこれは完全にヤベェやつ、絶対病気だどうしよう、内臓グチャグチャかもしれん、怖くて病院にも行けない、と震えはじめました。しかし、まだ痛みはないから大丈夫だ、となんとか自分を保ち、早とちりはやめようと自分に言い聞かせていたのですが、この本のゲラが家に到着した次の日に違和感に痛みを伴いだしたので、いつものように恐怖で何も手につかなくなった私はとりあえず、近所の内科に急いで行くことにしました。

そこのお医者さんはメディアにも出ている有名で明るく楽しい博識な先生です。私は心のどこかで、今回もいつもの大袈裟で終わるはず！　と願って受診をしました。先生は機嫌よく話を聞いてくれて私はその明るさに少し安心をしました。世間話をしていたら、いつしか話題は病院に置かれている先生の出版した本のことになりました。そして、その本が私と一緒の「企画のたまご屋さん」がキッカケで出版されたものだと教えてくれました。奇遇！　こんな近くに同じ人がいるなんて。生きていると色んなことがありますね。

その日は、癌か分かる血液検査をして胃腸薬を処方されて帰り、検査結果はまた後日聞きにいく予定です。肋骨部分の違和感は今も多少あります。こわい。私、発売日まで生きていられるかな。

2020年春　　染井アキ

Profile

染井アキ　Aki Somei

1986年生まれの女。

自慢できる経歴は特にない転職回数が多めのダメ人間。無資格。

料理は添加物がこわくて味が薄くなりがち。

縦読みは仕込まないタイプ。

マイブームは近所の城の写真を撮って自分のYouTubeチャンネルにアップすること。

Twitter Landの住人 --> @sosomeiaki

協力／NPO法人企画のたまご屋さん（寺口雅彦）
出典／
・『ささいなことにもすぐに「動揺」してしまうあなたへ。』
エレイン・N・アーロン 著　冨田香里 訳
（SBクリエイティブ株式会社　2008年3月31日初版発行）
・「The Highly Sensitive Person」（日本語サイト）
http://hspjk.life.coocan.jp/selftest-hsp.html
http://hspjk.life.coocan.jp/HSS-Test.html

ダメ人間だと思ったらHSPでした！

2020年4月15日　第一刷発行

著者　染井アキ
装画　長野ともこ
装幀　三上祥子（Vaa）
編集　福永恵子（産業編集センター）

発行　株式会社産業編集センター
〒112-0011　東京都文京区千石4-39-17
TEL 03-5395-6133
FAX 03-5395-5320

印刷・製本　株式会社シナノパブリッシングプレス

ISBN978-4-86311-263-6 C0095